ORAN, 5 JUILLET 1962

À Louis, Thibault, Paul et Colombe,
en mémoire de leur arrière-grand-père.

SOMMAIRE

PRÉFACE

Il y a cinquante ans… c'est loin et c'est très près. Il aura fallu un tel espace de temps pour que l'on parvienne à étudier, avec un semblant d'équilibre et de raison, ce que l'on appela trop souvent « les événements ». En vérité, ce fut une guerre, la guerre d'Algérie, avec ses causes, ses conséquences, ses effets seconds – dont nombre d'entre eux subsistent encore aujourd'hui. Le rapport de l'Algérie à la France, et de la France à l'Algérie demeure difficile, lourd d'un passé qui fit trembler deux Républiques, et provoqua, dans la société française, des clivages, ruptures, à peine réparés – si tant est que l'on puisse réparer l'irréparable.

De chaque côté, sont apparus essais, documents, archives, documentaires de télévision, films de fiction. L'universitaire et le journaliste, le scénariste et le metteur en scène, l'historien et le romancier, le polémiste et l'observateur, le militant et le témoin, le sociologue et l'ancien combattant, tous ont contribué à ce qu'il soit possible, au long des décennies, d'éclairer, révéler, examiner, peser les causes et les conséquences, les erreurs et les rendez-vous ratés. À cette somme, encore incomplète, de travaux et publications concernant « les événements », vient s'ajouter, en cette année du cinquantenaire des accords d'Évian, le livre de Guillaume Zeller, *Un massacre oublié*, qui relate les exactions commises le 5 juillet 1962 à Oran et dont les Européens, mais aussi des musulmans, furent victimes.

« Oublié », ignoré, sous-estimé, passé sous silence

Ce n'est pas un cas unique : combien d'années se seront écoulées avant que l'on fasse la lumière sur la répression de Sétif en 1945, les disparitions d'Algériens au cours d'une nuit à Paris, le 17 octobre 1961, sous la surveillance du préfet Papon ? Combien de temps, aussi, pour les disparitions et séances de torture pendant la bataille d'Alger ? Massacre pour massacre, s'il fallait tenter d'établir une comparaison avec celui d'Oran, ce serait, en effet, mais dans un sens inverse, la bataille d'Alger. Elle présente un point commun avec le « massacre oublié » d'Oran, dont ce livre décrit l'atroce déroulement. Il s'agit des disparitions. La bataille d'Alger dure, dans sa version « étendue », du 30 septembre 1956 (attentats du Milk Bar et de la Cafeteria) à septembre/octobre 1957 (arrestation de Yacef Saadi, mort d'Ali la Pointe). Selon François Mitterrand (voir le livre de Benjamin Stora, *François Mitterrand et la guerre d'Algérie*, Calmann-Lévy), alors garde des Sceaux, 900 musulmans auraient disparu. Selon Paul Teitgen, alors secrétaire général de la préfecture d'Alger, en charge de la police (qui démissionnera), les disparitions se seraient élevées à 3 000. Le 5 juillet 1962, à Oran, en une seule journée, un massacre eut lieu, plus expéditif, fulgurant même, de la part, cette fois, de forces militaires ou paramilitaires algériennes, à l'encontre des Européens. Il y a, cependant, d'autres différences : pour la bataille d'Alger, on peut arguer qu'il s'agissait d'une « bataille » opposant les militaires français aux réseaux de combattants FLN. À Oran, il n'y eut aucune bataille, mais une attaque frontale, unilatérale, contre des innocents désarmés. Enfin, la bataille d'Alger a fait l'objet de nombreux documents, et le drame du 17 octobre 1961 à Paris aura été raconté et commenté par trois livres et pas moins de quatorze documentaires ou fictions. Dans le cas du massacre d'Oran, en revanche, les écrits ont été très rares. Aucun documentaire télévisé, ni fiction. Il s'agit bien d'un « massacre oublié ».

De quelque côté que l'on se situe, la vérité sur les horreurs commises par chaque camp a toujours du mal à surgir. Aucun événement majeur n'échappe à cette loi : tout n'a pas encore été écrit ou révélé. On n'en finira jamais de fouiller les chantiers encombrés de cadavres que les hommes, dans leur folie, ont ouverts aux quatre coins de la terre, tout au long de ce qui aura été le terrible XXe siècle.

Voici donc qu'un épisode de la guerre d'Algérie (ou plutôt de la fin, c'est-à-dire à la date du premier jour de l'Indépendance) encore peu étudié et analysé, surgit sous la plume d'un jeune journaliste. Celui-ci a la franchise, dans son texte d'introduction, de préciser pourquoi et comment il a suivi son chemin pour effectuer un travail qu'il a souhaité situer « loin des lectures manichéennes ». Il rappelle ses origines, un grand-père général qui fut un des instigateurs du putsch d'Alger, sa propre enfance et son adolescence marquées par un héritage culturel d'« Al-gé-rie-fran-çaise ». Sa détestation du général de

Gaulle, et l'ignorance, qui était la sienne, selon quoi pour toute étape importante de l'Histoire, il n'existe pas une version, mais deux, ou plus, toujours contraires. Depuis cette jeunesse, Zeller, en choisissant et pratiquant le journalisme, a appris les principes fondamentaux de l'enquête honnête, l'incessante exigence, sinon de l'objectivité, terme utopique, du moins de la discipline qui consiste à faire la part des choses, afin de poursuivre une vérité cachée et ne pas se contenter de refléter un seul côté du miroir. Aussi bien, selon leurs convictions ou leurs connaissances, les lecteurs du *Massacre oublié* jugeront si Guillaume Zeller a réussi ce qui est une sorte de pari : établir, de la part d'un auteur qui admet son engagement, un document à la recherche d'une vérité qui ne souffre pas de contestation.

On trouvera, dans cet ouvrage, suffisamment de références, sources d'informations, recours aux archives et aux témoignages, extraits de reportages aussi professionnels que ceux d'un grand journaliste, Serge Lentz (pour *Match*) ou de mémoires d'un ton aussi original que ceux d'un Jean-Pierre Chevènement, pour comprendre et saisir la volonté de l'auteur de ne pas verser dans l'inexactitude, l'approximatif, la rumeur non vérifiée, la partialité et le fantasme, mais de proposer l'image la plus achevée de cette effrayante journée. Il s'est évertué à répertorier, reconstituer, donner la parole, transcrire des paroles, s'appuyant sur une somme considérable de documents et de recherches, maniant parfois le conditionnel, lorsqu'il n'était pas sûr de ses informations. Il a tenté d'interpréter le phénomène des violences de masse, tel que l'a étudié le philosophe et anthropologue René Girard. Il a envisagé plusieurs hypothèses sur l'origine du massacre. Dans l'ensemble, on voit bien qu'il a su éviter un excès de jugements de valeur ou la tentation du pathétique. C'est d'autant plus estimable que l'on peut imaginer sa réaction lorsqu'il a commencé à découvrir l'ampleur du drame, sa sauvagerie, et le mutisme général qui l'a entouré, et qui n'a pas vraiment diminué un demi-siècle plus tard.

C'est un texte saisissant, à plus d'un titre. L'attitude si indifférente du général Katz ; les rumeurs folles (les « vampires ») ; ceux qui ont, malgré tout, côté algérien, aidé les pieds-noirs en détresse ; les phrases glaçantes des pouvoirs publics en métropole et, en particulier, du général de Gaulle ; la passivité de la majorité des militaires français ; le digne et juste comportement du lieutenant Rabah Khelif ou de l'ambassadeur Jean-Marcel Jeanneney ; la difficulté de définir un nombre exact de victimes ; un sentiment général de honte (Stora) et de douleur ; le « long chemin de la vérité », etc. Et puis, avant tout, par-dessus tout, le corps et le cœur mêmes du récit : cette description du véritable incendie humain, dont l'étincelle s'est allumée à 11 h 15, un 5 juillet, et dont les cibles furent de malheureuses victimes européennes auxquelles il faut ajouter des musulmans. Exécutions et enlèvements : tout y est, de ce « massacre sans nom », ainsi défini par Georges-Marc Benamou dans son propre ouvrage consacré au *Mensonge français* (Robert Laffont). Le bilan, selon Zeller, est sans appel.

Un bilan ne répond pas à d'autres bilans. Un massacre n'en efface pas un autre. Oran et ses atrocités ne sont pas exonérés par Alger et ses disparus. Mais en toutes choses il faut accepter que l'on expose les deux faces d'une guerre et de ses ultimes soubresauts. Les faits, les chiffres, les archives et les témoignages sont là pour ça : tout doit être dit – même si cela prend cinquante ans. Le silence demeure une faute impardonnable. Car, s'il est une chose que l'on doit attendre de ceux qui se consacrent à l'Histoire, c'est que celle-ci soit livrée de façon complète, que rien ne soit laissé dans l'ombre, que l'on s'efforce de tout mettre en perspective, et qu'ainsi soit accompli le devoir de vérité.

L'ouvrage de Guillaume Zeller contribuera sans aucun doute – pour ce qui concerne la guerre d'Algérie et les premiers jours de l'Indépendance – à remplir cette mission. C'est tout à son honneur, et tout son mérite. Le « massacre oublié » ne peut plus, désormais, être oublié.

Philippe LABRO

SIGLES

ADDFA	Association de défense des droits des Français d'Algérie
ADIMAD	Association de défense des intérêts moraux des anciens détenus.
AIOF	Association des Israélites d'Oranie en France
ALLO	Association des anciens du lycée Lamoricière d'Oran
ALN	Armée de libération nationale (branche armée du FLN)
ANPROMEVO	Association nationale de protection de la mémoire des victimes de l'OAS
ARMR	Association des rapatriés mineurs enfants de disparus et des pupilles de la nation
ASFED	Association de sauvegarde des familles et enfants de disparus
ATO	Auxiliaire temporaire occasionnel

BDC	Bâtiment de débarquement de chars
BEL	Bureau d'études et de liaison
CAO	Corps d'armée d'Oran
CICR	Comité international de la Croix-Rouge
CNRA	Conseil national de la révolution algérienne
CRUA	Comité révolutionnaire d'unité et d'action
DB	Division blindée
DI	Division d'infanterie
EGM	Escadron de gendarmerie mobile
EMG	État-major général
FFI	Forces françaises de l'intérieur
FLN	Front de libération nationale
FNF	Front national français
FSNA	Français de souche nord-africaine
FSE	Français de souche européenne
GAD	Groupes d'autodéfense
GPRA	Gouvernement provisoire de la République algérienne
GRFDA	Groupe de recherche des Français disparus en Algérie
HCR	Haut Conseil aux rapatriés

JMO	Journal de marche et opérations
JSMO	Jeunesse sportive marine oranaise
LDH	Ligue des droits de l'homme
MIR	Mission interministérielle aux rapatriés
MP13	Mouvement populaire du 13 mai
MRAP	Mouvement contre le racisme et pour l'amitié entre les peuples.
MTLD	Mouvement pour le triomphe des libertés démocratiques
OAS	Organisation armée secrète
OPA	Organisation politico-administrative
OS	Organisation spéciale
PPA	Parti populaire algérien
RG	Renseignements généraux
RPC	Régiment de parachutistes coloniaux
SAS	Special Air Service
SDECE	Service de documentation extérieure et de contre-espionnage
UT	Unités territoriales
ZAA	Zone autonome d'Alger

CARTES

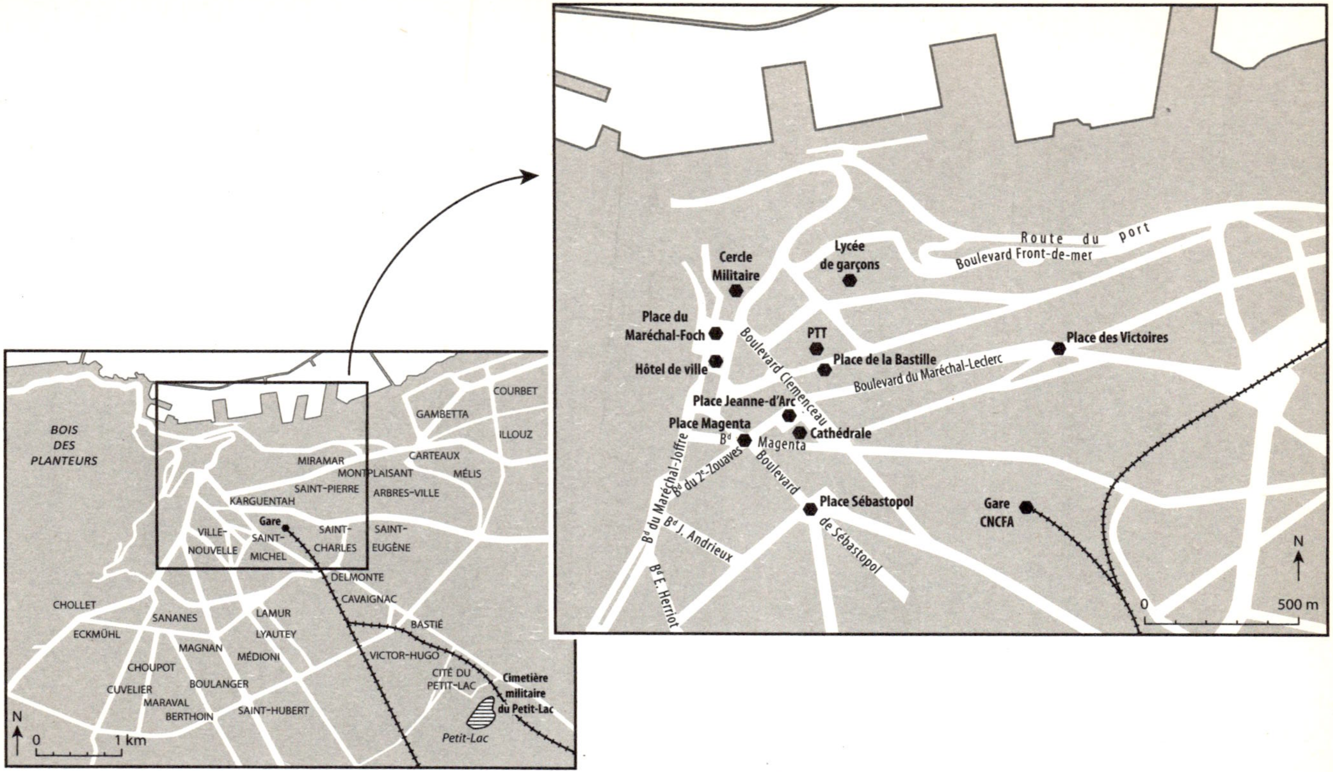

Oran et son centre-ville

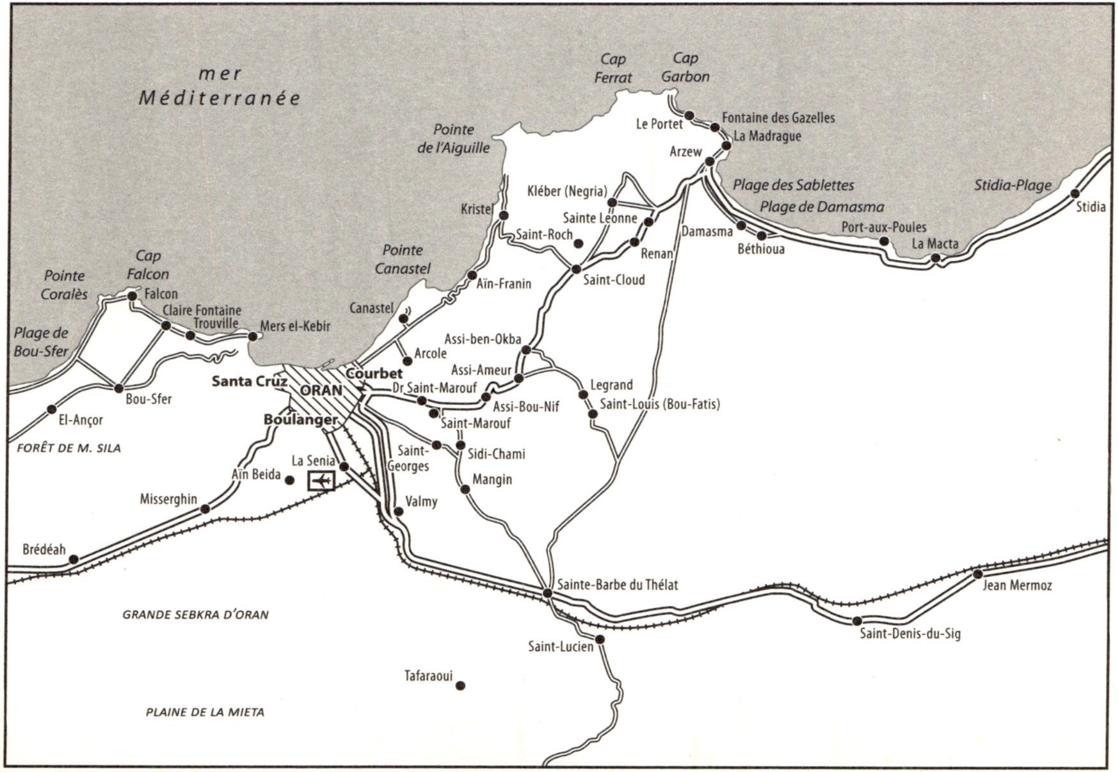

Les environs d'Oran

INTRODUCTION

Sur les rives du Petit-Lac, en cet après-midi d'été, la chaleur est oppressante. À cette heure-ci, les Oranais ont l'habitude de faire la sieste. Mais ce 5 juillet 1962 n'est pas un jour comme les autres. L'Algérie devient officiellement indépendante. Une activité inhabituelle règne sur les bords de cette étendue d'eau salée, située au sud de la ville, connue pour accueillir des flamants roses et des grues au cours de leurs migrations. Des foules de civils algériens, hommes et femmes, attendent fébrilement. L'atmosphère résonne de clameurs et de youyous féminins. Soudain, venant de la cité Victor-Hugo, plusieurs véhicules arrivent sur les lieux : des voitures, des camionnettes, des camions bâchés, conduits par des hommes en uniforme accompagnés de civils armés.

Sans ménagement, des individus en sont extraits sous la menace de pistolets-mitrailleurs ou de revolvers. Certains ont leurs habits déchirés, d'autres le visage tuméfié. Ce sont des Européens capturés depuis la fin de matinée dans la ville. Des ordres fusent en arabe. Les culasses des armes automatiques claquent. Ils vont être exécutés. Mais les soldats algériens sont rapidement débordés par la foule. Munie de couteaux, de haches, de rasoirs, de gourdins, elle s'empare des captifs et les assassine sommairement malgré leurs supplications. Même les soldats qui devaient les passer par les armes sont impressionnés par la violence de la scène. D'autres convois arrivent jusqu'à la tombée du jour : leurs occupants subissent le même sort. Les corps sont camouflés dans des fosses improvisées, ou jetés dans les eaux du Petit-Lac. Le lendemain, des bulldozers viennent araser le sol. Au cours des mois qui suivent, de nouveaux travaux sont entrepris pour aménager le lac. Les dépouilles des victimes sont enfouies sous les remblais, les terrassements et le béton. Tout porte à croire qu'elles y reposent toujours.

Ailleurs dans Oran, au centre comme en périphérie, d'autres Européens, mais aussi des musulmans, sont tués ou enlevés tout au long de l'après-midi et dans la nuit par des émeutiers encadrés ou accompagnés de soldats. Les 18 000 hommes des forces françaises encore stationnés sur place reçoivent du commandement français la consigne de demeurer dans leur cantonnement. Ils ne seront autorisés à intervenir que plusieurs heures après le déclenchement des violences.

Cet épisode, seuls quelques ouvrages ou sites internet l'évoquent en détail. Dans les livres plus officiels, quelques lignes y font parfois allusion. Autant dire que, jusqu'à présent, je n'avais guère prêté attention à cet hypothétique épisode, où je voyais volontiers un excès d'imagination de la part des pieds-noirs, incapables de faire le deuil de « leur » Algérie. La « boucherie d'Oran » ne serait-elle qu'une version propagée par les rapatriés pour entretenir leur rancœur – parfois leur haine – contre les responsables de la fin de la présence française en Algérie ? Sans jamais contester les souffrances des pieds-noirs, ce récit m'a longtemps paru trop atroce pour être vrai. Je pensais même qu'il décrédibilisait par ses exagérations les revendications légitimes des rapatriés.

En ce cinquantième anniversaire de l'indépendance de l'Algérie, qui donne lieu à de multiples célébrations, j'ai voulu tenter de reconstituer le déroulement de la journée du 5 juillet afin de vérifier si le récit était aussi déformé que je le supposais. Ce qu'on découvre est stupéfiant. Témoignages, archives, études : une multitude de documents méconnus confirmaient qu'un massacre de grande ampleur avait eu lieu à Oran ce jour-là. Cette journée, l'une des plus sanglantes de ce qui n'était déjà plus un conflit, est ignorée. Au-delà des faits, que des témoins et des historiens avaient déjà relatés depuis plusieurs années sans obtenir beaucoup d'écho, j'ai aussi découvert des plaies toujours à vif. Les plus jeunes des témoins sont aujourd'hui âgés d'une soixantaine d'années. Ils donnent à ce drame une proximité saisissante. Certains de ceux que j'ai interrogés n'avaient pas réussi à en parler depuis cinquante ans. D'autres se sont effondrés pendant les interviews, sous le flot des souvenirs douloureux. D'autres, parfois les mêmes, se sont raidis face à mes questions qui montraient – estimaient-ils – que j'étais bien un « pathos[1] » comme les autres, encombré de mes idées reçues sur les pieds-noirs. Mais tous m'ont remercié de m'intéresser à leur histoire. J'espère donc contribuer à lever le voile sur ce « massacre oublié », comme l'avait qualifié Alain-Gérard Slama dans un article précurseur[2].

Ce livre n'a pas la prétention de refaire un travail scientifique sur le drame du 5 juillet 1962 à Oran que, répétons-le, des historiens ont déjà mené et continuent d'enrichir grâce à l'ouverture progressive des archives. C'est plutôt un véritable puzzle que j'ai tenté de reconstituer, en rapprochant ces différents travaux et en les étoffant de nouveaux témoignages et documents. Il s'agissait aussi de remettre en perspective ce massacre dans le temps et dans l'espace. Car son contexte permet sans doute de comprendre ce que fut la guerre d'Algérie dans sa complexité. Un écheveau humain dans lequel les criminels comme les justes ne sont pas toujours ceux que l'on pourrait supposer. Une série d'occasions manquées débouchant sur un drame humain qui n'est toujours pas cicatrisé.

***

Ces pages n'auraient sans doute pas été écrites si mon grand-père, André Zeller, n'avait pas été condamné à quinze ans de détention criminelle et incarcéré cinq ans à la maison d'arrêt de Tulle. Il faisait partie des « généraux d'Alger ». Pour conserver l'Algérie française, il s'était élevé contre le pouvoir en place le 22 avril 1961, avec ses compagnons Maurice Challe, Edmond Jouhaud et Raoul Salan. Ce geste lourd de conséquences, qu'il choisit de commettre au terme d'une carrière militaire entamée à l'âge de 17 ans lorsqu'il s'était porté volontaire pour combattre les Allemands pendant la Grande Guerre, ma famille l'a toujours assumé avec ardeur.

C'est ainsi qu'enfant, au début des années 80, j'avais appris à scander en toute occasion un rythme bien connu – trois brèves et deux longues, « Al-gé-rie-fran-çaise » –, signe de reconnaissance pour ceux qui refusaient d'abandonner la souveraineté de la France en Algérie. Ce signal, je le reproduisais à toute occasion, avec ma règle d'écolier, ou même avec le klaxon de la voiture paternelle quand je parvenais à investir le siège du conducteur. Sur les plages d'Oléron, l'été, avec mes cousins, nous construisions des châteaux de sable. Notre imagination en faisait la reproduction de la prison de Tulle et nous attendions avec impatience que les vagues, qui en érodaient peu à peu les murailles, viennent enfin délivrer notre grand-père de la geôle où l'avait enfermé le général de Gaulle. Plus âgé, lorsque je prenais le métro à Paris, je parlais toujours de la station « Étoile », jamais de la station « Charles de Gaulle-Étoile ». L'aéroport de Roissy ne s'est jamais appelé que Roissy. Et quelle fierté, enfin, de raconter à mes copains de classe que mon grand-père avait « fait de la taule ». Je pensais que cela me donnait par procuration une dimension séditieuse à laquelle, spontanément, mon caractère me portait peu. Si mon entourage proche m'accordait une relative indulgence, les plus sceptiques devaient se demander si je n'avais pas été victime d'un puissant lavage de cerveau.

Plus tard, alors que je commençais à m'intéresser en détail à cette période de l'histoire, je notai d'emblée que la lecture la plus répandue de la guerre d'Algérie tranchait avec la geste dans laquelle je tentais de m'inscrire – non sans maladresse et provocation. Au-delà du cercle familial, mon grand-père représentait systématiquement 25 % du « quarteron de généraux en retraite » doté d'un « savoir-faire expéditif et limité », que Charles de Gaulle avait condamné dans son discours télévisé du 23 avril 1961. C'était un félon, un complice des bourreaux parachutistes et des terroristes, et bien sûr un fasciste. Par une sorte de syndrome de la citadelle assiégée, ces jugements, paradoxalement, ne faisaient que renforcer ma conviction que mon grand-père avait choisi la juste cause.

Mes certitudes furent ébranlées dans la seconde moitié des années 90, peu après que j'eus passé mon baccalauréat. Un stage, mené au Service historique de l'armée de terre (SHAT)[3] dans le cadre de mes études, avait débouché sur un emploi – une vacation – à la section « Histoire orale ». Ma mission était simple : recueillir les témoignages sonores des témoins majeurs de la guerre d'Algérie encore en vie. Ce que j'ai entendu, au cours de ces heures d'enregistrement, m'apporta sur ce conflit un éclairage nouveau. Certes, de nombreuses informations correspondaient au récit familial dont j'étais le dépositaire mais, par de multiples anfractuosités, le malaise s'instaurait. J'entendais parler avec précision de méthodes de renseignement extrêmes, de tortures, de disparitions massives de suspects, ou d'opérations (très) spéciales par ceux-là mêmes qui en étaient les acteurs, et qui pouvaient m'en parler librement, les yeux dans les yeux, sous la protection d'une stricte confidentialité. Un général m'expliquait comment, jeune officier, il avait participé aux répressions conduites par l'armée française à Philippeville, après les massacres d'El-Halia en 1955[4]. Un colonel, comment il s'était résolu – non sans drame de conscience – à autoriser l'emploi de la torture pendant la bataille d'Alger, y compris sur de très jeunes suspects. Parallèlement à ma propre enquête, de nouveaux travaux, fondés sur des archives solides, apportaient aussi de puissants arguments qui jetaient le discrédit sur l'action de l'armée française en Algérie et sur les choix des responsables politiques de l'époque[5].

Chef d'état-major de l'armée, mon grand-père avait démissionné de ses fonctions en février 1956 pour protester contre la diminution des effectifs en Algérie. Après un bref passage par la vie civile, il avait été rappelé à son poste le 1er juillet 1958 par le général de Gaulle. Puis, rattrapé par la limite d'âge, il s'était retiré en septembre 1959. Son choix de revêtir l'uniforme et de prendre, avec ses trois compagnons, la tête du putsch d'avril 1961 ne paraissait-il pas cautionner des méthodes contestables et un motif peut-être injuste ? Pourquoi avoir tiré un trait sur une carrière qui l'avait mené aux plus hauts niveaux de responsabilité, pour épouser un combat que l'opinion publique, dans une large majorité, considère toujours avec la plus grande sévérité ? Sans remettre en cause la probité de mon grand-père, j'ai pensé qu'il avait pu faire erreur dans son interprétation de l'évolution historique que connaissait l'Algérie. Le drame d'Oran permettrait-il de mieux comprendre son geste ?

Il était temps pour moi, qui n'ai aucun souvenir de lui puisqu'il est mort moins d'un mois avant mon troisième anniversaire, de confronter cet héritage à la réalité des faits.

Chapitre premier

ORAN EN MARCHE VERS LA GUERRE

> « Vive Oran ! Ville que j'aime et que je salue, bonne, chère grande ville française. »
>
> Charles de Gaulle,
> discours à Oran, 6 juin 1958

Par bien des aspects, Oran rassemble les rêves associés aux paysages d'Algérie, comme l'indique son surnom : « la radieuse » (*El Bahia* en arabe). Située au fond du golfe qui porte son nom, la cité s'adosse à la masse du pic d'Aïdour, un contrefort du massif du Murdjajo, que verdissent les pins d'Alep et les figuiers. La ville s'est construite à la manière d'un amphithéâtre dont la scène serait la mer Méditerranée, bordée au loin par les gradins des falaises dorées de Canastel. Le climat est béni des dieux. Les étés y sont superbes, sous le soleil limpide et le ciel indigo.

La radieuse

Ces paysages séduisent les peintres. « C'est une ville fauve que baigne une lumière aussi pure que celle de la Grèce », lit-on dans la revue *Algeria* en octobre 1934. La baie d'Oran devient une source d'inspiration inépuisable pour des générations de peintres[1] dont le plus éminent, Augustin Ferrando, dirige l'école des Beaux-Arts à partir de 1919. Le cap Falcon ou la montagne aux Lions sont arpentés par des artistes en quête de paysages sublimes. L'urbanisme d'Oran, avec ses petits ravins, ses ruelles en pentes et ses rampes, ne manque pas non plus de séduire les amateurs d'orientalisme, tandis que les auteurs plus académiques peuvent s'inspirer de monuments spectaculaires comme le minaret de la mosquée du Pacha, le fort de Santa Cruz ou les constructions anciennes du port voisin de Mers el-Kebir. Albert Camus, qui a grandi à Alger, est lui aussi saisi par la beauté du pays oranais dont il fait le cadre géographique de *La Peste*. Le premier texte de *L'Été*, intitulé *Le Minotaure ou la halte d'Oran* (1939), s'achève sur une description magnifique des plages où « tous les matins d'été ont l'air d'être les premiers du monde [et] tous les crépuscules semblent être les derniers, agonies solennelles annoncées au coucher du soleil par une lumière qui fonce toutes les teintes[2] ».

Le décor majestueux d'Oran contraste avec l'effervescence méditerranéenne de la cité. Les artères s'y enchevêtrent. Corniches, rampes, escaliers, tunnels et ruelles forment un dédale urbain. La surprise des sens est permanente pour celui qui découvre la cité. Parfums et odeurs, bruits et rumeurs, ombres et lumières : tout y est excès. Au soleil de plomb peuvent succéder des averses violentes qui transforment la ville en cloaque. « Les rues d'Oran sont vouées à la poussière, aux cailloux et à la chaleur. S'il y pleut, c'est le déluge et une mer de boue[3]. » Mais il en faudrait plus pour vider les rues où les Oranais aiment tant déambuler. « Pluie ou soleil, les boutiques ont le même air extravagant et absurde. Tout le mauvais goût de l'Europe et de l'Orient s'y est donné rendez-vous », observe Camus[4].

Un carrefour de civilisations

Au cours des siècles, Oran n'a cessé d'unir Orient et Occident en un mariage perpétuel dont le fruit sera la mosaïque humaine qui fait l'identité, le charme et la complexité de la ville. Les signes d'une implantation humaine remontent à 100 000 avant Jésus-Christ[5]. Phéniciennes ou romaines, plusieurs civilisations s'établissent sur ce site. De nombreuses pièces archéologiques indiquent l'existence d'un *Portus Divini* (port des Dieux), que justifient la beauté des lieux et leur potentiel stratégique.

Très tôt, un lien se noue avec la péninsule ibérique si proche. Par temps clair, du sommet du cap de Gate, en Andalousie, on distingue le pic d'Aïdour. En 902 – ou 903 selon les sources – des marins musulmans, obéissant aux ordres des califes omeyyades de Cordoue, fondent la ville. Près de cinq siècles plus tard, en 1391, de nombreux Juifs venus d'Espagne prennent la direction d'Oran pour fuir les persécutions et rejoindre des communautés implantées là depuis plus longtemps. L'émigration des Juifs d'Espagne dure près d'un siècle. En 1492, quand s'achève la Reconquista par la signature du traité de l'Alhambra, de nouveaux bateaux sont affrétés par le royaume d'Espagne pour embarquer de nombreux Juifs marranes (les « maudits ») de Cadix vers Oran. Solidaires des Maures espagnols persécutés par les souverains catholiques, les pirates intensifient les raids à partir des côtes nord-africaines. L'insécurité devient intolérable pour la reine d'Espagne, Isabelle la Catholique, qui décide d'intervenir. Le 19 mai 1509, 20 000 soldats espagnols prennent la ville d'Oran.

Pendant près de trois siècles, la ville se développe sous la tutelle de la couronne espagnole. De cette époque date la construction de la forteresse de Santa Cruz (Sainte-Croix) sur l'Aïdour. En 1790, un séisme ravage la cité. Le roi d'Espagne Charles IV entre en négociations avec le bey d'Alger pour lui céder la ville. Un traité, signé en 1792, fait passer Oran sous tutelle ottomane. Les autorités beylicales n'ont guère le temps d'asseoir leur domination. En janvier 1831, le colonel français Denys de Damrémont, venu d'Alger – où les Français ont débarqué en 1830 – investit Oran avec son détachement. La ville compte alors 2 750 habitants et offre un état de décrépitude saisissant.

Les cent trente-deux années de présence française vont transformer le visage d'Oran. Les colons arrivés après la conquête de 1830 contribuent à modeler la ville. Bretons, Ardéchois, Provençaux, Parisiens, Alsaciens-Lorrains…, poussés par la pauvreté ou par les soubresauts de l'histoire, viennent se bâtir un nouveau destin. De leur côté, les Espagnols continuent d'affluer, en particulier à veille de la Seconde Guerre mondiale, lorsque la victoire de Franco contraint de nombreux républicains à l'exil. Des Italiens, des Maltais, des Grecs tentent aussi l'aventure oranaise. À la fin des années 1950, la ville compte 433 000 habitants. C'est la cinquième ville de France après Paris, Lyon, Marseille et Alger. L'urbanisme conçu par les Français fait une large place à des bâtiments identiques à ceux de métropole. Certaines artères sont d'inspiration haussmannienne, d'autres adoptent le style fonctionnel des années 50 (à Bel-Air, à Miramar ou sur le front de mer). Comme le métropolitain, l'Oranais perçoit ses mandats à la Grande Poste de la place de la Bastille, fait ses courses au Prisunic du boulevard Clemenceau ou prend l'autobus place Foch. Quelques minarets – dont celui de la mosquée du Pacha –, les étals des marchés, la blancheur des haïks, marquent également son identité nord-africaine, que respectent les architectes français. La cathédrale, devant laquelle se dresse une Jeanne d'Arc dorée et martiale, est d'inspiration néo-mauresque, de même que l'imposante gare bâtie dans le faubourg Saint-Michel.

Mais la tutelle française n'écrase pas le lien de la ville à l'Espagne. Élisabeth Fechner, native d'Algérie, le rappelle : « Les premiers émigrants à s'installer en Oranie avaient été en grande partie des maraîchers espagnols venus d'Alicante, de Murcie, de Valence, et pour quelques-uns de Catalogne[6]. » Dans la rue, les boutiques ou les ateliers, on parle castillan. La paëlla fait office de spécialité culinaire locale. À l'apéritif, la sangria concurrence l'anis sur les zincs des cafés. Dans le quartier populaire d'Eckmühl, une arène accueille les corridas auxquelles les Espagnols d'Oran ne renonceraient pour rien au monde. Les affiches comme les billets d'entrée sont souvent rédigés dans la langue de Cervantès. Typiquement méditerranéen, le comportement de l'Oranais de la rue est teinté d'*arrogancia* (fierté) et de *saragata* (épate)[7]. Camus l'avait bien vu, avec indulgence d'ailleurs : « Les rues d'Oran nous renseignent [...] sur les deux plaisirs essentiels de la jeunesse locale : se faire cirer les souliers et promener ces mêmes souliers sur les boulevards[8]. »

La communauté juive exerce une influence majeure sur Oran. Constantine et Tlemcen se disputent le titre de « petite Jérusalem », mais Oran n'est pas en reste. Longtemps victimes de ségrégation, les Juifs voient leur sort adouci par le décret Crémieux, promulgué en 1870, qui leur confère la nationalité française, dont les musulmans demeurent exclus. Leur intégration est symbolisée par la pose de la première pierre de la Grande Synagogue d'Oran en 1879, inaugurée seulement en 1918 après de nombreuses péripéties, considérée comme l'une des plus belles d'Afrique du Nord. Cette synagogue majestueuse, érigée aux confins du faubourg Karguentah, sera transformée en mosquée en 1975.

Une ville mosaïque

Si le nom d'Oran est d'origine arabo-berbère[9], on l'a souvent appelée « la plus européenne des villes d'Algérie ». Trop rapidement. Les musulmans, en effet, y sont restés longtemps discrets. Commerçants, ouvriers, employés, petits fonctionnaires, personnel de maison, sans-travail : ils sont pourtant omniprésents et vivent dans plusieurs quartiers d'Oran : le « Village-Nègre », les Planteurs, le Petit-Lac ou Sanchidrian, qui forment une mosaïque avec les quartiers européens ou juifs. Dans le centre-ville moderne d'Oran, on les voit très peu, sauf au volant des autobus ou des taxis. L'historien algérien Fouad Soufi analyse : « Le fait que les visiteurs croisent peu d'Algériens dans la ville, centre des affaires, a donné ce sentiment d'être dans une ville où l'élément algérien est absent. Les principales administrations publiques, les banques, les grands magasins, les grands hôtels, les immeubles de rapport, les nouveaux ensembles immobiliers – ces gratte-ciel que les Oranais sont encore fiers de montrer – les grandes salles de spectacle, sont situés dans le même espace, dans les principales artères chics de la ville au centre. On peut très bien vivre à Oran sans avoir à se rendre en Ville-Nouvelle, à Eckmühl, dans la Vieille Ville (les Bas-Quartiers) et encore moins aux Planteurs ou à Sanchidrian[10]. »

La démographie et l'étude de l'urbanisme montrent l'importance des populations musulmanes. Michel Coquery, membre de la Société de géographie et d'archéologie d'Oran, cité par Fouad Soufi, estime qu'en 1961 220 000 habitants étaient d'extraction musulmane contre 20 059 en 1921 : tandis que la population européenne et juive serait passée, dans le même laps de temps, de 118 153 à 213 000[11]. Quand éclate la guerre d'Algérie, Oran n'est plus une ville européenne que dans son centre-ville, alors que ses quartiers périphériques et sa banlieue sont de plus en plus musulmans. « Certes, la France y était représentée, mais sous forme d'administrations, de casernes, de drapeaux qui flottaient au vent, parfois d'églises et d'orphelinats. La population, quant à elle, était musulmane d'abord, nomade souvent, miséreuse toujours[12]. »

L'homogénéité sociale du centre-ville européen contraste donc avec les faubourgs. Dans un film réalisé en 2007[13], le cinéaste Jean-Pierre Lledo interroge des habitants algériens du quartier de Sidi-el-Houari[14] qui évoquent leur jeunesse à Oran, avant les déchirements de 1961-1962. Leurs propos contredisent l'idée d'un cloisonnement hermétique entre communautés. « On se mélangeait. Je vivais avec eux. Avant la guerre, avant la révolution, il y avait une bonne entente avec nos amis chrétiens. […] À Oran, il y a beaucoup d'Oranais qui ont des grands-mères espagnoles ou des grands-mères juives. Personne ne veut en parler, mais il y en avait », raconte l'un. Et un autre : « On vivait ensemble, jusqu'en 1961. Une famille unie. Les Gour[15] allaitaient des Arabes et les Arabes allaitaient des Gour. Arabes et Gour vendaient sur le marché. Il y avait une entente épatante. » Sur les marchés, dans les écoles de quartier, les stades de football ou les bals populaires, des amitiés se créent. On danse le rock, le cha-cha-cha ou le boléro sans tenir compte des barrières communautaires. Reste que la cohabitation connaît des limites. Si des amitiés durables se tissent, des amours beaucoup moins, en tout cas officiellement. Les mariages intercommunautaires sont quasi absents des registres de l'état civil.

Le temps de l'insouciance

À l'exception de quelques fortunes, comme celle des frères Cohen-Skalli qui possèdent les plus grosses minoteries du secteur, ou les familles Seneclauze et Saint-Pierre qui dominent les vignobles réputés de la région, la population est modeste, à 60 % « constituée de petites gens, commerçants, fonctionnaires ou fermiers dont le niveau de vie était inférieur de 15 % à celui de la métropole[16] ». Cela n'empêche pas les Oranais – qui entretiennent une rivalité permanente avec les Algérois – de former une population insouciante, adepte du *carpe diem*. Le sport est une passion locale : on applaudit aux exploits de l'équipe de foot, on assiste avec passion aux matchs de boxe au Central Sporting Club de la rue du Fondouk. Chaque week-end, les Oranais prennent en famille le chemin des plages pour de longues séances de farniente ou de sports nautiques.

Oran a fourni à la France un notable contingent de talents. Le plus représentatif des enfants de la ville est Yves Saint Laurent, qui y naît en 1936 et y passe les dix-sept premières années de sa vie avant de rejoindre Christian Dior à Paris. En 1983, il décrit l'Oran de son adolescence comme « une cosmopole de commerçants venus de partout, et surtout d'ailleurs, une ville étincelant dans un patchwork de mille couleurs sous le calme soleil d'Afrique du Nord [17] ». La ville est un véritable nid de musiciens et de comédiens. François Valéry, de son vrai nom Jean-Louis Mougeot, y est né en 1954. Fidèle à ses racines, il a écrit (avec Pierre Delanoë) et chanté « Oran, juin 62 » sur un 45-tours sorti en 1982, vingt ans après l'exil. La même année que François Valéry, Louis Bertignac, futur guitariste du groupe Téléphone, voit le jour dans cette ville que sa famille quittera trois années plus tard. Étienne Daho est aussi un enfant du pays, où il est né en 1957. Le septième art doit à la générosité d'Oran plusieurs personnalités. Jean Benguigui y vient au monde en 1944, Alain Chabat en 1958. La comédienne et réalisatrice Nicole Garcia, qui y naît en 1946, entretiendra un lien particulier avec son pays perdu tout au long de sa carrière. En 1982, elle est à l'affiche de *L'Honneur d'un capitaine*, de Pierre Schoendoerffer, l'un des films les plus nuancés sur la guerre d'Algérie. Mais, surtout, elle réalise en 2010 *Un balcon sur la mer*, film inspiré de ses propres souvenirs, où Jean Dujardin joue le rôle principal. Autre profession qui a largement puisé dans le vivier oranais : le journalisme, avec plusieurs figures qui continuent d'occuper les ondes et les écrans : Jean-Pierre Elkabbach (né en 1937), Pierre Benichou (né en 1938) ou Robert Ménard (né en 1953)[18].

Dans le collimateur du FLN (1954-1955)

Au lendemain de la Seconde Guerre mondiale, le Parti populaire algérien – Mouvement pour le triomphe des libertés démocratiques (PPA-MTLD)[19], qui milite pour l'indépendance de l'Algérie, commence à agir en Oranie. En avril 1949, la poste d'Oran est le théâtre d'un spectaculaire hold-up organisé par l'Organisation spéciale (OS), la branche « action » du MTLD. Ce casse – dont le butin est estimé à trois millions de francs – est imaginé par Hocine Aït Ahmed, qui dirige l'OS, Ahmed Ben Bella et Mohamed Khider[20]. Parmi les braqueurs, un certain Djelloul Nemiche, dit Si Bakhti : treize ans plus tard, il jouera un rôle trouble lors de la journée du 5 juillet 1962. Cette opération sonne comme une première alerte d'envergure pour les services de police français.

Le 1er novembre 1954, le FLN déclenche une série d'attentats, « la Toussaint sanglante », sur tout le territoire algérien, qui provoquent la mort de sept personnes dont l'instituteur Guy Monnerot et le caïd Hadj Sadok, abattus ensemble dans les gorges de Tighanimines, au cœur des Aurès, principal foyer de l'insurrection à l'est du pays. L'Oranie est mise en état d'alerte. Cependant, aucun attentat d'envergure n'endeuille Oran le 1er novembre. Mais les renseignements recueillis par le préfet Vaujour, directeur de la Sûreté générale en Algérie, indiquent que la région est au cœur de la stratégie du FLN, même si les bandes armées sont inexistantes ou presque. Au lendemain de la première vague d'attentats, une compagnie de fellaghas[21] isolée opère dans la région. Pour assurer son emprise sur la population, le FLN s'appuie sur l'Organisation politico-administrative (OPA), une administration clandestine chargée de collecter des fonds et des renseignements, de recruter des militants et de développer la propagande. Les forces françaises qui couvrent la région ont pour objectif prioritaire de démanteler le mouvement.

Larbi Ben M'hidi est le premier chef du FLN en Oranie. Recherché par la police, ce trentenaire a déjà été condamné par défaut à dix ans d'emprisonnement pour « menées subversives et activité illégale ». Malgré des moyens limités, Ben M'hidi s'efforce de développer la présence du FLN dans la région grâce à des soutiens établis au Maroc voisin. Il est le seul délégué de l'Oranie au congrès clandestin de la Soummam, organisé en août 1956 pour réduire les divisions qui fractionnent le nationalisme algérien, définir une stratégie politique et mettre en place un embryon d'administration. La faiblesse de son implantation en Oranie est l'une des préoccupations majeures des chefs du FLN[22]. Ben M'hidi est remplacé, mais non désavoué : on lui confie la charge de structurer la rébellion et d'intensifier les actions à Alger, où les premières bombes explosent fin septembre[23].

Abdelhafid Boussouf, son adjoint, lui succède à la tête de la wilaya 5[24]. Façonné par la rhétorique marxiste, il dirige le secteur d'une main de fer et met en place un réseau de surveillance et de délation omniprésent. La mise en place du « système Boussouf », piloté à partir du Maroc, porte rapidement ses fruits et conduit les forces françaises à revoir leur dispositif pour riposter aux coups toujours plus directs (sabotages, assassinats, attentats à la grenade) de l'Armée de libération nationale (ALN).

La contre-attaque (1956-1957)

La France veut reprendre l'initiative en Oranie. Les bandes rebelles sont poursuivies. L'action psychologique s'intensifie. Un barrage efficace est construit à partir de juin 1956 à la frontière marocaine pour sécuriser l'Oranie, et Oran en particulier. Baptisé « ligne Pédron » du nom du général qui commande alors le corps d'armée d'Oran, il vise à couper les communications entre les bases arrière du Maroc – devenu indépendant en 1956 – et les katibas[25] qui agissent en Oranie. Ce réseau barbelé est progressivement renforcé, électrifié et miné[26]. Il sert de modèle à la ligne Morice, un barrage bien plus important dressé à partir de l'été 1957 à la frontière algéro-tunisienne[27]. Autre signal fort adressé à la wilaya 5 : des unités d'élite sont dépêchées sur place, dont le 14e régiment de chasseurs parachutistes qui débarque à Oran à la fin du mois de juin 1956 pour se consacrer à la chasse aux bandes rebelles. Des navires de guerre de la base de Mers el-Kebir multiplient les patrouilles pour arraisonner les navires qui acheminent clandestinement des armes à destination de l'ALN, souvent en provenance du bloc de l'Est. Les premières unités de harkis sont mises en place en mai, puis des groupes d'autodéfense (GAD) en août[28] afin de reprendre l'initiative en zone rurale. Enfin, à Oran, comme dans d'autres grandes villes d'Algérie, les Unités territoriales (UT), créées en 1955 et composées de civils mobilisés plusieurs jours par mois, assurent des missions telles que le contrôle des points de passage ou la sécurisation des transports publics. La faiblesse structurelle du FLN dans la région, conjuguée à la vigueur de la reprise en main française, explique pourquoi Oran demeure une des villes les plus préservées de la violence pendant une large période du conflit.

Le 13 mai 1958 à Oran

1958 est une année charnière, marquée par l'arrivée au pouvoir du général de Gaulle. Le 13 mai, une manifestation gigantesque est organisée à Alger en l'honneur de trois soldats du contingent faits prisonniers et fusillés par le FLN en Tunisie. Le mouvement est l'œuvre d'une organisation minutieuse. Les partisans du général de Gaulle entendent exploiter les complots divers qui se multiplient en Algérie et en métropole pour les orienter dans un sens favorable au retour au pouvoir de l'« ermite de Colombey »[29]. Un comité de salut public est créé à Alger dont le général Massu, l'idole des Algérois depuis la bataille d'Alger, prend la tête. Le général Salan, commandant supérieur interarmées en Algérie, entérine ce mouvement et fait appel au général de Gaulle en dépit de ses réserves initiales[30]. Partout en Algérie, des comités de salut public se forment pour intensifier la pression sur Paris et accélérer le retour de l'homme du 18 juin, seul capable – pensent les Européens – de maintenir la souveraineté française en Algérie. Les hommes d'Alger envoient donc des émissaires dans les principales villes d'Algérie dans ce dessein.

Le mouvement algérois bénéficie d'un fort soutien populaire à Oran, mais les responsables militaires sont beaucoup moins enthousiastes. Les deux hommes dépêchés sur place pour attiser l'ardeur des autorités locales appartiennent à la mythologie parachutiste. Le colonel Roger Trinquier commande le 3e régiment de parachutistes coloniaux (RPC) – à la tête duquel il a succédé au colonel Marcel Bigeard. Ancien d'Indochine, rompu aux opérations clandestines, c'est un spécialiste de la guerre psychologique[31]. À ses côtés, le capitaine Paul-Alain Léger. Vétéran des SAS[32], il a aussi connu les combats d'Indochine – conventionnels ou non – et le service Action du Service de documentation extérieure et de contre-espionnage (SDECE). Pendant la bataille d'Alger, avec ses « bleus de chauffe[33] », il a porté des coups irréversibles au FLN en wilaya 3 et dans la zone autonome d'Alger (ZAA).

Les deux hommes s'envolent le 16 mai dans l'après-midi, accompagnés du commandant Saci Mahdi, membre du comité de salut public d'Alger. À Oran, la situation est confuse. D'importantes manifestations s'y sont déroulées la veille et permettent aux UT d'occuper la préfecture. Un comité de salut public improvisé, dirigé par Henri Fouques-Duparc, a été mis en place. Le général Jean Réthoré, qui commande le corps d'armée d'Oran, accueille les hommes d'Alger avec méfiance mais accepte de composer[34]. Après d'intenses tractations, on monte un nouveau comité de salut public, plus collégial, dirigé par un officier musulman à la retraite, le colonel Sebane. Un rassemblement est organisé le dimanche 18 mai au Théâtre de Verdure, vaste amphithéâtre extérieur situé à l'extrémité du front de mer où l'on accédait par le Petit-

Vichy, un jardin planté de palmiers et de térébinthes. Comme à Alger le 16 mai, musulmans et Européens se mêlent avec un enthousiasme qui semble non feint et laisse espérer une fraternité sincère. « Le Théâtre de Verdure est plein à craquer. Les Européens au coude à coude avec les musulmans envahissent les gradins, brandissant drapeaux et pancartes, proclamant leur espérance dans une Algérie nouvelle et fraternelle. [...] Je suis à Oran où le spectacle en cette splendide matinée ne le cède peut-être en rien à celui d'Alger. La capitale de l'Oranais n'ayant jamais eu à subir les affres du terrorisme, les musulmans se sont maintenus dans le calme le plus complet, même aux heures les plus tragiques », se souvient le capitaine Léger[35]. Chez les Oranais aussi, les grandes scènes de fraternisation laissent des traces durables. « Au souvenir de ces journées de liesse, mes yeux revoient tous ces gens qui se haïssaient hier et qui maintenant s'étreignent, ces bras clairs attachés à des bras sombres pour former une chaîne d'espérance en la vie et de refus de la peur. [...] La ville n'offre plus au ciel que l'image d'un vaste drapeau tricolore. Des rubans sur les pulls des jeunes filles aux robes des femmes ; des vitrines aux balcons des immeubles, tout est bleu, tout est blanc, tout est rouge », raconte Henri Martinez[36], alors âgé de quinze ans, qui rejoindra les commandos de l'OAS trois ans plus tard. Le mouvement issu du 13 mai semble irréversible.

Au lendemain du rassemblement au Théâtre de Verdure, le général de Gaulle tient une conférence de presse à Paris. « Croyez-vous vraiment qu'à 67 ans je vais commencer une carrière de dictateur ? » demande-t-il ironiquement aux journalistes. Pierre Pflimlin, l'éphémère et avant-dernier président du Conseil, le rencontre dans la nuit du 26 au 27 mai. Le lendemain, l'homme de Colombey-les-deux-Églises annonce avoir « entamé le processus régulier nécessaire à l'établissement d'un gouvernement républicain capable d'assurer l'unité et l'indépendance du pays ». Le 1er juin, il reçoit l'investiture de l'Assemblée nationale. La IVe République vit ses dernières semaines, terrassée par l'imbroglio algérien.

À Oran, comme partout en Algérie, l'enthousiasme est sans réserve chez les Européens. Pour eux, il ne fait aucun doute que le général de Gaulle sera le garant du maintien de l'Algérie française. En clamant « Je vous ai compris ! » depuis Alger où il arrive le 4 juin, le nouveau président du Conseil semble entériner les revendications des manifestants. Deux jours plus tard, il est accueilli avec enthousiasme par les Oranais à qui il s'adresse avec chaleur : « Vive Oran ! Ville que j'aime et que je salue, bonne, chère grande ville française. » Quelques heures plus tard, il s'exclame « Vive l'Algérie française ! » à Mostaganem, à moins de cent kilomètres à l'est d'Oran. Le général Edmond Jouhaud, natif de la région, commande alors l'aviation en Algérie. Le futur chef de l'OAS escorte le nouveau président du Conseil. Lors de son procès, il témoignera : « Quand j'ai entendu ces paroles, moi qui suis natif d'Oran, j'ai été ému jusqu'aux larmes[37]. »

L'Oranie pacifiée (1958-1960) ?

Du point de vue militaire, le 13 mai 1958 et l'arrivée au pouvoir du général de Gaulle infligent un coup sévère au FLN, d'autant plus que le général Réthoré a l'intention de poursuivre la stratégie d'appui local aux populations non seulement par les armes, mais aussi par des œuvres à caractère social ou économique. De nombreux projets sont mis en œuvre, comme des « consultations d'assistance médicale gratuite par des médecins militaires, [la] construction d'habitat dans les centres de regroupement, [...] [la] création de foyers sportifs, de foyers de jeunes, de centre de formation de la jeunesse[38] ».

Le FLN fait tout son possible pour provoquer la rupture entre les populations, dont les fraternisations du 13 mai avaient éloigné la perspective. Côté français, l'inquiétude renaît brièvement à la fin de 1958 à cause d'un regain d'activité de l'ALN, jusqu'à ce que le « plan Challe » porte un coup fatal au FLN en 1959. Cette vaste opération, conçue par le général Challe – un aviateur qui a succédé au général Salan au commandement supérieur des forces armées en Algérie en décembre 1958 –, est conduite en Oranie par son camarade de la « promotion du Chevalier Bayard » à Saint-Cyr : le général Fernand Gambiez, qui a pris la succession du général Réthoré. Ancien commandant du bataillon de choc qui s'est illustré sur l'île d'Elbe et en Corse pendant la Seconde Guerre mondiale, il jouit d'un grand prestige et insuffle à ses unités un dynamisme qui aboutit à la destruction quasi complète des bandes armées et de l'OPA par les redoutables commandos de chasse, des unités légères, surentraînées, qui sillonnent le terrain selon le tracé d'un vaste râteau. En mars 1960, le nouveau chef de la wilaya 5, Dghine Ben Ali – dit Lotfi –, est abattu au cours d'une opération montée par les services spéciaux coordonnés par le colonel Jacquin, qui commande le mystérieux Bureau d'études et de liaison (BEL). Benhaddou Bouhadjar – dit Si Othmane – prend sa place et commande alors la wilaya depuis le Maroc.

Cette opération est l'un des derniers succès militaires français en Oranie[39], désormais considérée comme pacifiée. « À part quelques katibas squelettiques qui sévissent encore [...] et de petits noyaux de terroristes ruraux et urbains, l'appareil militaire de la rébellion est à l'heure actuelle complètement démantelé et l'imperméabilité du barrage marocain lui interdit de se reconstituer par apport de l'extérieur », note le capitaine Moisson, chef du 5e bureau (chargé de l'action psychologique) de l'état-major du corps d'armée d'Oran[40]. « "L'Oranie pacifiée" est citée en exemple : les véhicules civils peuvent désormais circuler sans escortes dans les campagnes[41]. »

Derniers beaux jours à Oran

Si plusieurs régions d'Oranie sont les théâtres d'accrochages et d'opérations, la ville d'Oran reste préservée des violences du conflit jusqu'à la fin des années 50. Henri Fouques-Duparc, son maire élu en 1948, gaulliste connu pour ses positions modérées[42], poursuit les travaux qu'il a entrepris dans la ville, notamment la rénovation du front de mer et l'édification du Palais des sports, inauguré en 1960. Les « événements » semblent loin. Les terrasses des brasseries sont toujours fréquentées. De nombreux artistes se produisent à Oran à la fin des années 50 : Dario Moreno, Sacha Distel, Georges Brassens... En 1958, un concert mobilise toute la ville : les Platters, interprètes d'« Only You », se produisent aux arènes d'Eckmühl. Toutes générations confondues, on profite encore des plages de la région, aux Coralès, au cap Falcon, sur la Madrague, ou aux Andalouses. « Même pendant les événements, nous prenions le car avec les Arabes pour aller à la pêche et nous n'avions pas peur de nous faire égorger », raconte Jean-Louis Samper, un Oranais encore adolescent à l'époque, qui habitait dans le quartier Saint-Pierre[43]. Les habitants d'Oran ont perçu une modification du climat, mais la population reste épargnée, voire confiante : les attentats épisodiques ne parviennent pas à semer la terreur. « J'ai vécu la guerre un peu comme un jeu, un désordre joyeux qui bouscule le quotidien, ferme les lycées. Les horreurs m'ont été épargnées, à l'exception d'une scène de lynchage à laquelle j'ai assisté », raconte Nicole Garcia[44]. La fin d'une époque.

Chapitre 2

LA BATAILLE D'ORAN

> « Moi vivant, jamais le drapeau du FLN ne flottera sur l'Algérie. »
>
> Charles de Gaulle,
> pendant la « tournée des popotes »,
> août 1959

Si les opérations militaires en Oranie se poursuivent et s'intensifient après le 13 mai 1958, le climat politique, lui, se dégrade tout au long de cette même séquence, rompant l'équilibre qui prédominait à Oran depuis le début du conflit. « Le FLN [...] regagne [...] sur la scène politique et diplomatique tout le terrain perdu par les armes[1] », résume Benjamin Stora. Chez les Européens et les militaires partisans du maintien de l'Algérie française, le doute naît peu après la visite du général de Gaulle en Algérie, en juin 1958. Ce doute laisse la place à l'angoisse, puis à la violence, dans un cycle qui s'achèvera par la tragédie du 5 juillet 1962.

L'heure du doute

Aussi vite qu'ils s'étaient enthousiasmés pour le général de Gaulle, de nombreux Européens d'Algérie basculent dans une haine acharnée. Les premiers signes de l'inquiétude surgissent dès 1958, lors de la conférence de presse tenue le 23 octobre à Paris, au cours de laquelle le général de Gaulle offre de conclure une « paix des braves » avec les insurgés. Cette proposition fait tiquer les militaires, mais le « plan Challe » déclenché trois mois après les rassure pour quelque temps. Les moyens massifs mis en œuvre semblent témoigner d'une ferme volonté de placer le FLN hors d'état de nuire. Les Européens ont plus de difficulté, par contre, à accepter cette proposition de l'Élysée.

Un deuxième signal, émis en avril 1959, crispe davantage les Européens d'Algérie. Au cours d'un entretien avec Pierre Laffont, directeur de *L'Écho d'Oran*, le général de Gaulle déclare que « l'Algérie de papa est morte ». Cette formule lapidaire, les pieds-noirs l'interprètent comme l'expression d'un profond mépris et de préjugés persistants à leur encontre. Il faut dire que le général de Gaulle conservait un souvenir mitigé des Français d'Algérie qui, pendant la Seconde Guerre mondiale, ne lui avaient pas manifesté une franche adhésion, tout en contribuant en force à la Libération – avec les troupes indigènes, tirailleurs et goumiers – sur les champs de bataille d'Italie, de Provence, d'Alsace et d'Allemagne.

Le 16 septembre 1959, lors d'une intervention télévisée, le général de Gaulle avance un pion majeur : il annonce qu'il compte soumettre la question de l'autodétermination à un référendum, selon les possibilités offertes par la nouvelle constitution. Plus aucun Européen ne croit possible de conserver l'Algérie française avec Charles de Gaulle au pouvoir. Le divorce est consommé.

Naissance de l'activisme

De petits groupes commencent à se structurer dans toute l'Algérie, puisant dans des viviers activistes déjà anciens, maintes fois démantelés et reconstitués. Dès 1954, la présence à Oran d'individus décidés à combattre la menace du FLN par les moyens clandestins les plus radicaux avait été identifiée par les services français. Dans ces micro-milices d'autodéfense, certaines personnalités apparaissent. On y trouve un ancien boxeur issu d'une famille de notables socialistes : Robert Tabarot. Avec Guy Villeneuve et Robert Conessa, il monte dans les quartiers de Saint-Eugène et de la Marine un petit noyau issu de milieux populaires, prêt à engager la lutte[2]. De son côté, Athanase « Tassou » Georgeopoulos, le patron du Café Riche situé sur la place Villebois-Mareuil, anime aussi des groupes résolus, avec l'aide du commissaire de police Lemoine[3].

Chauffés à blanc par les choix politiques du général de Gaulle, ces groupuscules entrent en action en janvier 1960, solidairement avec les activistes algérois qui – sous la direction de Pierre Lagaillarde et Joseph Ortiz – ont dressé des barricades et improvisé un camp retranché le 24 janvier pour défier le pouvoir. Membre du Mouvement populaire du 13 mai (MP13), Guy Villeneuve est l'un des principaux relais du mouvement algérois à Oran. Un appel à la grève générale pour le 25 janvier est lancé, une manifestation géante organisée sur le Forum, un comité de vigilance créé. Pendant près d'une semaine, près de 200 000 Oranais se rassemblent au Forum devenu une « zone insurrectionnelle » selon Leo Palacio[4], journaliste natif d'Oran, collaborateur de *L'Écho d'Oran* et correspondant du quotidien *Le Monde*. Les insurgés d'Alger, qui réclament le départ du général de Gaulle et le retour à l'« esprit du 13 mai », se rendent le 1er février. À Oran aussi, le mouvement prend fin par une marche réunissant les pieds-noirs insurgés et des militaires bienveillants – car l'armée, si elle demeure globalement loyaliste, laisse entrevoir quelques éléments de sédition. Le général Gambiez décide ainsi de remplacer le général Henri Mirambeau par le général Philippe Ginestet à la tête de la 13e division d'infanterie, stationnée en Oranie. Ancien de la 2e division blindée de Leclerc, artisan du retour au pouvoir du général de Gaulle, Mirambeau n'est plus jugé suffisamment sûr par le chef du corps d'armée d'Oran[5]. Comme à Alger, la semaine des barricades a tout d'une répétition générale des révoltes futures.

L'OAS apparaît à Oran

L'heure n'est plus aux manifestations bruyantes et désordonnées. Le sang a suffisamment coulé des deux côtés des barricades. De nouvelles déclarations du général de Gaulle attisent la colère des pieds-noirs. Au mois de mars 1960, lors de sa deuxième « tournée des popotes » auprès des militaires déployés en Algérie, le

Général évoque la perspective d'une « Algérie algérienne ». En novembre, dans un discours plus précis, il parle d'une « Algérie algérienne, qui existera un jour ». Entre-temps, en juin, des pourparlers avec des représentants du FLN sont conduits à Melun. Même s'ils échouent, ils indiquent que le gouvernement est décidé à régler avec le FLN, dans de brefs délais, le sort de l'Algérie. Lorsque le général de Gaulle entame encore une tournée en Algérie du 9 au 13 décembre 1960, des manifestations sont organisées. Dans l'esprit des activistes, l'heure est venue d'éliminer physiquement le chef de l'État. Celui qui reçoit la mission de l'assassiner à Aïn Temouchent, à 80 kilomètres d'Oran, s'appelle Hilaire Geronimo, motard de l'escorte présidentielle. Tout est prêt pour abattre Charles de Gaulle. Or, au dernier moment, un ordre empêche Geronimo de presser la queue de détente de son arme[6]. Cet attentat avorté, dont les circonstances ne sont pas toutes élucidées, est la première des nombreuses tentatives d'assassinat du chef de l'État.

Le référendum du 8 janvier 1961 finit de convaincre les derniers hésitants que la vision du général de Gaulle conduira à l'indépendance de l'Algérie. Les électeurs approuvent[7] en effet le principe de l'autodétermination qu'il avait évoqué dans son intervention du 16 septembre 1959. Alors même que cette étape est franchie, on découvre sur les murs des villes d'Algérie un sigle inconnu : OAS. Le mouvement est né en février 1961 à Madrid, où Pierre Lagaillarde et Jean-Jacques Susini – un jeune leader nationaliste – s'étaient réfugiés après l'échec des barricades à Alger en janvier 1960. Favorisées par la proximité géographique avec l'Espagne et son potentiel activiste, des relations étroites s'établissent entre Oran et Madrid. C'est « Tassou » Georgeopoulos (dit aussi « le Grec »), organisateur d'un des premiers groupes d'autodéfense dans la capitale espagnole, qui monte le noyau de l'OAS à Oran, après avoir rencontré clandestinement les responsables madrilènes[8]. Il reçoit le pseudonyme « Roi de trèfle » et choisit un adjoint, Georges Gonzalès, dit Pancho (pseudonyme : « Valet de trèfle »), propriétaire d'un garage boulevard Lescure. Robert Tabarot (« Rocher »), leader local du Front national français (FNF), un des nombreux mouvements activistes d'Algérie, se joint à eux[9]. Les trois hommes s'emploient à recruter les chefs et membres de leurs commandos et à planifier leurs futures opérations[10]. Autour de la ville existent aussi plusieurs organisations qui collaboreront avec l'OAS d'Oran. C'est le cas du réseau France-Résurrection, qui travaille à développer des maquis en Oranie avec des militaires déserteurs et des activistes locaux, de l'organisation Garde au drapeau regroupant de nombreux anciens des Unités territoriales, du réseau Bonaparte, ou des « gitans » dévoués à Pancho[11]. Isolés, ces différents groupes n'obtiennent que des résultats limités. Mais, coordonnés, ils tissent sur le territoire d'Oranie un maillage qui donne du fil à retordre aux forces de l'ordre françaises.

L'heure du putsch

Voulue par l'Élysée, approuvée par les Français – en particulier les métropolitains dont la majorité se désintéresse du conflit –, rien ne semble plus pouvoir s'opposer à l'autodétermination, puis à l'indépendance. C'est alors qu'en quelques mois, une conjuration s'organise des deux côtés de la Méditerranée avec un objectif : imposer de gré ou de force un retournement de la politique algérienne de la France. Dans la nuit du 21 au 22 avril 1961, les généraux d'armée Maurice Challe, Edmond Jouhaud et André Zeller, bientôt rejoints par le général Raoul Salan venu d'Espagne, s'emparent du pouvoir. Mais le putsch – excepté à Alger où plusieurs unités d'élite soutiennent le mouvement –, ne parvient pas à s'étendre sur l'ensemble du territoire, d'autant que les chefs de la conjuration préfèrent tenir les civils à distance du mouvement. L'énergie du 13 mai, le dynamisme des barricades semblent taris, de nombreux officiers refusent la désobéissance et dans leur majorité les appelés du contingent n'ont qu'une obsession : la « quille » et le départ d'Algérie.

Les généraux d'Alger, dans le but de convaincre Oran de rallier la rébellion, envoient deux officiers importants, le général Paul Gardy, ancien inspecteur de la Légion étrangère, et le colonel Antoine Argoud, brillant esprit formé à l'École polytechnique, obtenir l'adhésion du général Henri de Pouilly, qui commande le corps d'armée. Mais le patron de l'armée en Oranie, quoique déchiré, refuse de rejoindre la coalition. Il reçoit l'appui de Louis Joxe, le ministre chargé des Affaires algériennes venu en urgence de Paris, accompagné du général Jean Olié, chef d'état-major général de la Défense nationale. Le 24 avril, Pouilly monte dans un avion pour aller persuader Challe de mettre fin à l'insurrection. Les deux généraux se rencontrent à Alger, au quartier Rignot. L'échange est courtois, mais chacun campe sur ses positions. À l'issue de la rencontre, le général Zeller, persuadé que le général de Pouilly joue un double jeu, intervient autoritairement et place le commandant du corps d'armée d'Oran en état d'arrestation[12].

Il est trop tard : les troupes stationnées en Oranie ne bougeront plus pour soutenir le général Challe. « Il n'y avait pas 10 % des officiers qui étaient sentimentalement de leur côté et [...] même ces 10 % [n'auraient pas commis] un acte d'indiscipline », témoignera le général de Pouilly lors du procès des généraux Challe et Zeller[13]. Représentatif de nombreux officiers de l'époque partagés entre leur conscience et les exigences de la discipline, Pouilly déclarera au procès du général Salan : « L'histoire dira peut-être que leur crime est moins grand que le nôtre[14]. » Chez les Européens d'Oran qui avaient pavoisé la ville, cet échec – entériné le 26 avril avec la reddition du général Challe – est vécu dans l'amertume. Le général de Pouilly décrit « une ville qui menaçait d'entrer en insurrection, car la température dans les milieux musulmans et européens commençait à monter[15] ». Une dépêche AFP précise : « Les drapeaux disparaissent ou se cravatent de noir[16]. » Le putsch est un échec. Plus rien ni personne ne semble pouvoir s'opposer à l'autodétermination et à l'indépendance. Sauf l'OAS.

Pour sa branche oranaise, le coup d'Alger est l'occasion de se montrer au grand jour pour la première fois. Dès le 22 avril, une équipe légère débarque dans les locaux de *L'Écho d'Oran* pour prendre en main la censure du quotidien. Les hommes de l'OAS s'emparent aussi de l'émetteur de Radio Oran, dans le secteur d'Oued-Imbert, grâce auquel ils diffusent leurs consignes dans l'ensemble de l'Oranie. En outre, l'organisation ouvre en toute impunité un bureau de recrutement, rue de Mostaganem, qui marche à plein rendement si l'on en croit Léo Palacio, présent sur place. Tandis que le putsch vit ses dernières heures, un coup de force tente de s'emparer d'un local de la police où sont entreposées de nombreuses armes et munitions[17]. Mais ces opérations au grand jour sont de courte durée : la fin du putsch marque aussi la fin de cette effervescence et les activistes regagnent la clandestinité.

Dix-sept personnes sont poursuivies par les tribunaux. Robert Tabarot quitte Oran tandis que « Tassou » Georgeopoulos monte une structure indépendante pour appuyer l'organisation. Georges Gonzalès, de son côté, décidé à donner une nouvelle impulsion à l'OAS, s'entoure de plusieurs responsables venus d'horizons variés : notables, commerçants, employés ou étudiants. Parmi eux, Charles et Claude Micheletti, le père et le fils, réputés pour leurs talents d'escrimeurs ; Guy Pujante, Daniel Brun, Norbert Lega ; ou encore Benichou Yaya, futur patron des commandos « israélites » dont l'efficacité pour protéger les quartiers juifs, particulièrement menacés par le FLN, sera redoutable à partir de l'automne 1961. L'OAS divise Oran en neuf secteurs, baptisés « collines », calqués sur les divisions de la police locale[18]. Des commandos très légers et hyper-renseignés – comparables aux commandos Delta d'Alger du lieutenant Roger Degueldre – y montent leurs opérations. Les armes de fortune du début – fusils de chasse, pistolets antiques ou lourds fusils de guerre – sont remplacées par un arsenal plus moderne, récupéré lors du putsch : pistolets-mitrailleurs, grenades, et même quelques fusils-mitrailleurs et bazookas. Des stocks d'explosif – dont le redoutable plastic – sont constitués.

Une ville en état de siège

La violence monte à Oran, provoquée par la sanglante « guerre des trois[19] » – opposant OAS, FLN et forces de l'ordre françaises – qui ensanglante la ville jusqu'au cessez-le-feu du 19 mars 1962. Contre l'OAS, le FLN, profitant de la confusion, intensifie sa pression sur Oran. Des attentats à la grenade, des assassinats à l'aveuglette dévastaient les quartiers européens et juifs depuis plusieurs mois, mais ils demeuraient isolés. Les premiers signaux étaient apparus en décembre 1960, lors de la tournée du général de Gaulle. Des manifestants avaient arboré le drapeau du FLN dans les rues, affolant les populations européennes qui pensaient ne jamais assister à un tel spectacle. Le 28 février 1961, place du Docteur-Roux, dans le quartier de Ville-Nouvelle, un attentat coûte la vie à trois Européens, dont deux femmes, brûlés vifs dans leur véhicule. Les attaques se multiplient au cours des semaines suivantes. « Désormais, les habitants d'Oran surent que la lutte allait passer à un stade supérieur », résume l'historien Jean Monneret[20]. Après le putsch, et surtout à partir de juin 1961, des attentats éclatent presque chaque jour, visant particulièrement les adolescents européens. L'OAS réagit sans tarder. Lorsque qu'il arrive à Oran le 5 juillet 1961 pour encadrer un patronage dans le quartier de Saint-Eugène, l'abbé Michel de Laparre de Saint-Sernin – un prêtre catholique métropolitain – est stupéfait de constater l'omniprésence de l'organisation dans les rues. Ouvertement, de jeunes militants sillonnent les artères de la ville en scooter et peignent sur les murs les trois lettres de l'OAS. Le feu d'artifice du 14 juillet préparé par l'OAS, à bases de bombes artisanales, l'impressionne fortement : « Ballet bien réglé de dix minutes en dix minutes de 10 heures du soir à 6 heures du matin », note-t-il dans son journal[21].

Si l'OAS trouve des soutiens solides dans la population, qui n'hésite pas à l'occasion à lui fournir des renseignements, certains Européens se montrent plus réservés, parfois hostiles. L'organisation n'hésite donc pas à menacer ceux qui témoignent de tiédeur, par exemple par des tracts comme celui-ci, distribué en juin 1961 : « L'OAS rappelle une dernière fois qu'il est interdit à tout habitant de l'Algérie de quitter son territoire pour partir en vacances cet été, sauf pour raison de santé grave. L'OAS aura la liste de ceux qui auront emprunté des lignes maritimes ou aériennes et les appartements des "vacanciers" seront plastiqués après enquête[22]. » Fidèle à son slogan, l'OAS commence à « frapper où elle veut, quand elle veut ». L'organisation se présente comme l'ultime rempart des Européens face aux menaces du FLN. Grâce aux nombreuses complicités qu'elle compte dans la police, elle accède au fichier des suspects identifiés au cours des interpellations et des interrogatoires. Collecteurs de fonds du FLN, hommes de main, responsables de cellules et de secteurs paient un lourd tribut à l'OAS, qui frappe aussi leurs sympathisants supposés parmi la population européenne. Les tracts font état des « condamnations à mort », prononcées par les tribunaux clandestins de l'organisation, et des « exécutions » qui s'ensuivent.

Les actions de l'OAS radicalisent le FLN qui dispose d'une grande latitude dans les quartiers musulmans, où les forces de l'ordre n'osent plus s'aventurer. Parallèlement, les meurtres commis par le FLN poussent toujours plus de militants dans les rangs de l'OAS. Le 17 juillet, les Européens apprennent une information qui les bouleverse : à Laferrière, une commune située sur la route d'Aïn-Temouchent, des membres du FLN ont pénétré par effraction, durant la nuit du 16 au 17, dans la maison des Segura, une famille d'agriculteurs. Les deux fillettes sont violées, égorgées sous les yeux de leurs parents. Le fils est poignardé et décapité à la hache. La mère est violée à son tour, puis éventrée. Le père, enfin, meurt pendu à son plafond[23]. Moins de deux mois plus tard, le 11 septembre 1961, le coiffeur juif Henri Schroun est abattu en pleine rue, alors qu'il se rendait à la synagogue en portant son enfant de neuf mois dans les bras. Cet assassinat décide les habitants des quartiers juifs à constituer l'un des commandos OAS les plus radicaux d'Oran, sous le commandement de Benichou Yaya. Il ne se contente pas de mener des opérations d'autodéfense, mais intervient aussi hors du périmètre du quartier juif, en coordination étroite avec les commandos « goy »[24].

Ceux des habitants européens et musulmans qui vivaient encore côte à côte se séparent. Les familles s'observent avec méfiance, sinon avec peur. Les solidarités traditionnelles disparaissent. On organise des déménagements hâtifs. En quelques semaines, la géographie humaine d'Oran est bouleversée. Dans la ville, des barrages hérissés de barbelés et des postes de contrôle, dressés partout par les forces françaises, matérialisent le cloisonnement de la population. « On assiste petit à petit à une sorte de redistribution de l'espace urbain. Alors que les Européens se recasent dans certains faubourgs proches du centre (Saint-Eugène et Eckmühl principalement), les Algériens refluent au contraire vers les faubourgs extra-muros », observe Fouad Soufi[25]. Seules quelques femmes musulmanes, employées de maison, se risquent encore dans les quartiers européens. Elles sont parfois la cible de tueurs, persuadés qu'elles portent des armes ou des explosifs sous leurs voiles.

Le général Jouhaud à Oran

Pour de nombreux activistes oranais, l'armée – qu'ils voudraient plus radicale dans ses méthodes et ses objectifs – est inadaptée aux conditions d'une insurrection, comme, pensent-ils, le démontre l'échec du putsch d'Alger. C'est pourquoi l'OAS oranaise – contrairement à l'algéroise – ne s'ouvrira pas volontiers aux « soldats perdus », en cavale depuis l'échec du putsch et qui tentent de s'y introduire.

Après le fiasco d'avril 1961, de nombreux militaires insoumis entreprennent de faire de l'OAS une structure souterraine capable d'inverser le cours des événements, sinon de livrer un vaste baroud d'honneur. Le général Raoul Salan – nom de code « Soleil » – passé à la clandestinité et réfugié un temps dans la plaine de la Mitidja, en prend la direction. Mais c'est à Alger même que militaires et civils – bien souvent divisés – structurent et animent le mouvement : son organisation, son financement, ses objectifs et ses méthodes. Très vite, la nécessité de prendre la main sur l'OAS oranaise s'impose à Alger, en particulier dans l'esprit du général Salan qui, dès le début de l'été 1961, souhaite « mettre en place chefs et organismes de direction en Oranie et Constantinois », comme le rapporte le 6 juillet le colonel Jean Gardes, l'un des responsables de l'OAS à Alger, à l'issue d'une rencontre avec le chef du mouvement[26].

C'est le général Edmond Jouhaud qui est désigné pour commander l'OAS à Oran. Un symbole, puisque ce général d'aviation aux brillants états de service est né à Bou-Sfer, village situé à une vingtaine de kilomètres d'Oran. Il est viscéralement attaché à sa terre natale où ses parents étaient tous deux instituteurs. « Dans les cimetières d'Oran, d'Aïn-El-Türck et de Bou-Sfer reposent mes grands-parents, mes parents, mes deux frères, deux sœurs et déjà une nièce. [...] Ce que j'ai défendu et que je défends, ce sont d'abord des mètres carrés de cimetière[27] », déclarera-t-il à son procès.

Edmond Jouhaud arrive à Oran le 20 août. Claude Micheletti, qui dirige la branche opérationnelle de l'OAS dans la ville, relate une prise de contact respectueuse, mais aussi un choc culturel entre l'enfant du pays parvenu au faîte des honneurs militaires et les activistes locaux[28]. Malgré les réserves qu'ils expriment à son égard, le général Jouhaud, secondé par deux officiers passés à la clandestinité – le commandant Julien Camelin et le lieutenant de vaisseau Pierre Guillaume[29] –, parvient à imposer son autorité à l'OAS oranaise, composée à l'époque d'environ deux cents commandos mobilisables[30]. Pour le général Jouhaud, les cibles prioritaires sont les agents du FLN à Oran et les représentants du pouvoir « gaulliste ». Comme le général Salan, il condamne les représailles contre les civils musulmans, sans pouvoir cependant empêcher plusieurs « ratonnades ». Le 28 novembre 1961, les musulmans qui s'aventurent dans les quartiers européens sont systématiquement pris en chasse. Les violences durent jusqu'au soir, en dépit des interventions des gendarmes et des zouaves. L'OAS condamne cette opération dès le lendemain, ainsi que le général Jouhaud le rappellera à son procès : « Je crois avoir dit et démontré, dans les tracts que j'ai signés, que pour moi les musulmans faisaient partie de la communauté française, que pour moi ils étaient des frères, que par conséquent toute action aveugle contre les musulmans allait à l'encontre de mes sentiments les plus profonds[31]. » Malgré ce désaveu, les agressions contre les musulmans se répètent, régulières, parfois massives, creusant un fossé de plus en plus profond entre les populations.

Dans la journée du 28 février 1962, la violence atteint un degré maximal. Au petit matin, une série d'explosions – on parle d'une vingtaine – réveille plusieurs quartiers musulmans : Les Planteurs, les Bas-Quartiers, la bordure de Ville-Nouvelle et le plateau Saint-Michel. Vers 10 heures, deux soldats du contingent sont agressés par un commando qui tue l'un d'eux[32]. Enfin, aux alentours de 16 heures, une voiture piégée explose boulevard Joseph-Andrieu, au cœur du quartier musulman. Le bilan est terrible : trente-cinq musulmans sont tués, cinquante blessés. Les journalistes rapportent des scènes d'horreur : « Le sol se joncha de corps d'hommes, de femmes, d'enfants atrocement mutilés, méconnaissables, des lambeaux humains, des morceaux de chair qui baignaient dans le sang », écrit Léo Palacio dans *Le Monde*. Et Jean-Pierre Renard dans *Paris-Presse* : « C'est la première fois depuis trois mois que des Européens entraient en pleine ville musulmane… Jamais je n'ai vu un tel carnage, une telle hystérie[33]. »

Les attentats contre les forces de l'ordre se multiplient, souvent facilités par de multiples complicités dans les rouages administratifs. Le lieutenant-colonel Rançon, chef du 2e bureau du corps d'armée d'Oran, est assassiné le 8 décembre 1961, le commissaire Jurandon le 14 mars 1962. Dans l'ombre des forces de l'ordre officielles agissent des éléments clandestins ou semi-clandestins recrutés par des officines françaises pour abattre l'OAS. Ces « barbouzes », ainsi que les hommes de la Mission « C » (comme « choc »), n'hésitent pas à travailler avec le FLN. Dans leur combat contre l'OAS, ils subissent de lourdes pertes mais portent aussi des coups sévères à l'organisation, dont l'arrestation de ses principaux chefs[34]. Même si le bilan demeure difficile à chiffrer – entre les opérations commanditées, les actes isolés ou les provocations du FLN –, une estimation du général Artus, commandant de la gendarmerie à Oran, permet de se faire une idée de la violence quotidienne dans la période qui s'étend d'août 1961 à mars 1962 : au total, les services de gendarmerie ont compté 1 190 explosions au plastic et 109 attaques à main armée, provoquant 137 morts et 387 blessés[35].

Le FLN entretient un climat de terreur dans la ville. Le 4 janvier, une vague d'attentats fait seize victimes. Le 1er mars 1962, Rosette Ortega, l'épouse du concierge du stade de Mers el-Kebir, est tuée à coups de hache. Ses deux enfants, Sylvette et André – respectivement âgés de cinq et quatre ans –, ne sont pas épargnés par les tueurs qui leur écrasent le crâne contre un mur[36]. La presse publie les photos. Le choc provoqué par ce triple meurtre est tel que, dans toutes les communautés, de nombreux musulmans dominent leur peur pour participer aux obsèques. Mais la violence ne cesse pas pour autant. Le 9 mars, dans le quartier d'Eckmühl, seize Européens dont trois femmes se retrouvent encerclés dans un garage par un commando du FLN qui met le feu au bâtiment. Il n'y a pas un survivant.

Le tournant des accords d'Évian

Le mois de mars 1962 marque un tournant dans l'histoire de l'OAS à Oran. Les accords d'Évian, signés le 18 mars, concluent une série de rencontres, secrètes ou officielles, organisées entre les représentants de la France et les délégués du FLN, notamment à Melun, Lucerne, Neuchâtel ou aux Rousses. À Évian, les négociateurs français, sous la direction de Louis Joxe, ministre chargé des Affaires algériennes, rencontrent les neuf membres de la délégation algérienne, menés par Belkacem Krim, vice-président du Conseil dans le Gouvernement provisoire de la République algérienne (GPRA). Les accords, consignés dans un document de 93 pages et 111 articles – auxquels s'ajoutent de nombreuses annexes –, entérinent par une série de dispositions le transfert de souveraineté. Ces accords doivent être soumis à un référendum dans de brefs délais : le 8 avril en métropole, le 1er juillet en Algérie. En attendant ces scrutins, les accords d'Évian conviennent d'un cessez-le-feu qui entre en vigueur le lendemain de la signature : le 19 mars 1962.

Un « exécutif provisoire » est mis en place en Algérie le 28 mars. Établi dans la cité administrative de Rocher-

Noir, à quarante-cinq kilomètres à l'est d'Alger, il est présidé par Abderrahmane Farès et composé de douze membres, dont trois Européens. La situation change aussi à Oran. Le FLN a désormais pignon sur rue dans les quartiers musulmans, tandis que les éléments français se chargent des quartiers européens. Côté français, l'administration civile s'étiole et les services préfectoraux réduisent leur activité au minimum. Muté à la préfecture d'Oran où il doit achever son service militaire, le sous-lieutenant et futur ministre Jean-Pierre Chevènement est saisi par le spectacle qui s'offre à lui : « Pas d'ascenseur. Des gravats partout dans l'escalier. Une odeur épouvantable : l'OAS, c'est-à-dire le concierge, avait coupé l'eau depuis huit jours. Arrivé au dix-septième étage, je pénètre dans le grand salon de la préfecture, plongé dans l'obscurité. Affalés dans de profonds fauteuils, quelques personnages mal rasés, en robe de chambre bien qu'il fût midi, m'accueillent par quelques plaisanteries grasses. Il n'y a plus de préfet. Le secrétaire général en pleine dépression nerveuse est en cours d'évacuation. Restent quelques rares fonctionnaires et barbouzes tapis dans ce bunker du Troisième Reich, exposé à une mitraille continuelle par les tireurs de l'OAS[37]. »

Face à la déliquescence du pouvoir civil, ce sont les militaires qui incarnent l'autorité : le général Ginestet a succédé au général Cantarel à la tête du corps d'armée d'Oran, et le général Joseph Katz commande le secteur d'Oran depuis son arrivée fin février. Il succédera au général Ginestet, assassiné par l'OAS en juin 1962. Côté FLN, leur interlocuteur est Djelloul Nemiche, dit Si Bakhti, responsable de la ville érigée en zone autonome. En avril 1949, il avait fait partie du commando responsable du casse de la Grand-Poste d'Oran[38]. L'homme éprouve de grandes difficultés à imposer son autorité au FLN d'Oran. Placés sous sa responsabilité, plusieurs secteurs s'affrontent, comme la région III (Ville-Nouvelle) et la région IV (Lamur), tandis que les quartiers du Petit-Lac et Victor-Hugo, décidés à s'affranchir de toute autorité, fonctionnent de manière autonome.

À la « guerre des trois » (FLN-OAS-forces de l'ordre françaises) succède un affrontement bipolaire. Pour le général Charles Ailleret, commandant supérieur interarmées en Algérie depuis 1961, l'objectif est clair : il faut assurer « la substitution de l'adversaire OAS à l'ancien ennemi FLN[39] ». Les forces de l'ordre françaises et les éléments du FLN – que les accords d'Évian font sortir de la clandestinité – entament une coopération pour éradiquer l'OAS à Oran. Sur le terrain, les zones de compétence sont clairement réparties. Au FLN le contrôle des quartiers musulmans, aux forces françaises celui des zones européennes. Une certaine porosité permet l'échange de renseignements. Cette association radicalise l'OAS oranaise, alors même que deux événements, qui suivent de peu la signature des accords d'Évian, renforcent l'angoisse de la population européenne. D'une part, l'arrestation du général Jouhaud, « Soleil Bis », porte un coup très rude à l'OAS. Le chef de l'organisation locale est interpellé le 25 mars dans le « Panoramic », un immeuble du boulevard Front-de-Mer où il se planque sous le nom de Gerbert. Le commandant Camelin, présent au côté du général Jouhaud, connaît le même sort. D'autre part, le 26 mars, la fusillade de la rue d'Isly, à Alger, au cours de laquelle les forces de l'ordre tirent sur une foule de manifestants européens venus de Bab-el-Oued, faisant au moins cinquante-trois victimes, prouve définitivement, aux yeux des Européens, la collusion entre les forces de l'ordre et le FLN.

L'OAS perd du terrain. Gendarmes, CRS et policiers se lancent dans une vaste offensive pour éradiquer l'organisation. Des moyens de grande ampleur sont déployés. Le 25 mars, un bombardier Douglas B-26 survole Oran et lâche plusieurs rafales au-dessus des quartiers européens. Cet épisode scandalise les Oranais et aggrave la réputation de sauvagerie prêtée aux forces françaises. Les « gardes rouges », ces gendarmes mobiles venus de métropole pour multiplier les barrages, les fouilles et les perquisitions, sont haïs. Les pieds-noirs pensent n'avoir plus qu'une alternative : soit partir en exil, soit tomber sous les balles FLN… ou françaises. Contrairement aux habitants d'autres régions d'Algérie – comme les Juifs de Constantine[40] – qui avaient commencé à quitter leur terre natale dès 1961, les Oranais se refusent à envisager cette solution. Puisque la France lâche l'Algérie, la seule riposte – estiment les leaders de l'OAS – est de pousser la rupture à son terme, de séparer les communautés et de tenter une partition territoriale qui permettrait à l'Oranie de devenir le refuge autonome des populations européennes et musulmanes attachées à la France. C'est le projet que préconise le général Gardy venu remplacer le général Jouhaud à Oran. « Plate-forme territoriale », « bantoustan » ou « réduit oranais », plusieurs formules désignent ce même projet.

Derniers feux

Les actions les plus radicales se multiplient. Exécutions sommaires, lynchages, plasticages… Débordée par ses militants, l'OAS est amenée plus d'une fois à se désolidariser de telles opérations par voie de tracts ou de communiqués lus durant les émissions radiophoniques clandestines. Mais elle assume aussi certaines initiatives aux conséquences meurtrières. L'une des plus controversées est la mise en place d'une section « Artillerie » au sein de l'organisation. Placé sous le commandement d'un certain « Ralph », un ancien du 11e Choc, il s'agit de mettre en batterie un mortier qui tire, depuis les quartiers européens, sur des cibles situées dans les secteurs musulmans. Si les chefs de l'OAS assurent que les obus de mortier ne visent que des cibles « militaires » (PC des forces de l'ordre françaises, casernes provisoires du FLN, campements...), les bavures sont inévitables et, forcément, elles durcissent l'hostilité des musulmans contre l'OAS en particulier et contre les Européens en général[41].

Le projet d'ériger la région d'Oran en plate-forme territoriale européenne n'empêche pas les activistes de céder à la tentation de la terre brûlée. L'objectif de cette stratégie est simple : quitter la terre d'Algérie dans l'état où elle a été trouvée. Les principaux bâtiments publics sont autant de cibles. Deux bombes explosent ainsi le 7 avril devant le siège du corps d'armée d'Oran, à l'occasion de la visite de Pierre Messmer, ministre des Armées. Le lendemain, 8 avril, alors que les accords d'Évian sont approuvés par référendum en métropole, un commando de jeunes militants armés s'attaque à la nouvelle préfecture. Le 15 avril, c'est le central téléphonique qui est occupé par des commandos de l'OAS. Le 24 avril, la clinique du Dr Larribère, militant communiste susceptible de collaborer directement avec le FLN et de soigner ses blessés, est intégralement détruite. Le 7 juin 1962 est une des journées les plus spectaculaires : le même jour, la mairie, la bibliothèque municipale et quatre écoles sont attaquées. Les établissements bancaires intéressent aussi l'OAS, qui cherche à s'assurer une trésorerie que les cotisations volontaires ou les rackets ne suffisent pas à approvisionner. Le Crédit municipal, la Caisse d'épargne ou le Centre de tri postal de Saint-Charles sont pillés.

Les assassinats ciblés ne cessent pas davantage. Le commandant Maurin, qui a succédé au colonel Rançon, est abattu. Le cadavre du chef de bataillon Bardy, commandant des groupes mobiles de sécurité, est retrouvé dans un terrain vague le 27 mars 1962. Le 13 juin, c'est au tour du lieutenant-colonel Mariot, chef de corps du 54e RI, d'être assassiné. Le lendemain, le médecin-colonel Mabille, venu s'incliner sur sa dépouille, est tué à la morgue par un préparateur en pharmacie âgé de 20 ans, Jean-Louis Dumont. Le général Ginestet, commandant le corps d'armée d'Oran, qui l'accompagne, est lui-même abattu[42]. Au total, les forces de l'ordre subissent des pertes importantes. « Du 19 mars au 1er juillet 1962, on dénombra à Oran comme victimes de l'OAS : 32 membres des forces de l'ordre et 143 blessés », estime l'historien Charles-Robert Ageron[43].

En matière de répression, les objectifs affichés par le haut-commissaire Christian Fouchet, représentant suprême de la France sur le sol algérien, ne comportent aucune ambiguïté. « Croyez-moi, explique-t-il à l'occasion d'une réunion de l'exécutif provisoire le 12 mai, ce ne sont pas des bouclages à la blague. Dans l'histoire de France, il n'y a pas d'exemple de ce que nous faisons en ce moment. Il faut retourner au XVIe siècle pour trouver l'équivalent dans les mesures répressives[44]. » Outre l'aviation, des engins blindés sont mobilisés : ils sillonnent la ville, tirant parfois au hasard sur des cibles européennes. Aux chars, peu adaptés aux manœuvres en milieu urbain, le commandement préfère l'emploi des half-tracks, beaucoup plus mobiles avec leurs roues directrices à l'avant et leurs chenillettes à l'arrière. Fortement blindées, elles sont équipées de puissantes mitrailleuses qui tirent des projectiles de 12,7 millimètres, mortels à plus de 2 000 mètres de distance, à une cadence de 300 coups par minute[45]. Seul inconvénient de ces véhicules : ils sont découverts. Les commandos de l'OAS, qui imaginent faire d'Oran un nouveau Budapest, en profitent pour les bombarder de cocktails Molotov. On essaie alors de protéger les half-tracks en bricolant des toits de fortune. Bavures et exactions atteignent un tel degré que le Conseil de l'ordre des avocats d'Oran publie un communiqué dénonçant « ces attaques contre une population civile qui seraient, en temps de guerre, contraires à la Convention de La Haye [...]. En temps de paix et entre Français, elles dépassent l'imagination[46] ».

Tandis que les forces de l'ordre traquent l'OAS, le FLN se réorganise dans les zones sécurisées des faubourgs d'Oran. Ses effectifs sont renforcés par les « marsiens », ces combattants de la dernière heure apparus après les accords d'Évian, qui mettent tout leur zèle à convaincre les anciens de leur patriotisme. Ils se chargent plus spécialement d'actions d'un type nouveau : les kidnappings. Le 17 avril, seize Européens – les premiers d'une longue série – disparaissent à Oran. Cette pratique a l'avantage de créer un climat de terreur sans violer le cessez-le-feu ni les dispositions des accords d'Évian, censés garantir la sécurité des Européens d'Algérie. Ces enlèvements ne sont pas des actes isolés, commis par des éléments incontrôlés. Ils se produisent sur tout le territoire algérien, sauf le Constantinois, ce qui laisse supposer une coordination générale, vraisemblablement imputable à la direction extérieure du FLN basée à Tunis[47]. Au total, soixante-quatorze Européens sont enlevés à Oran entre le cessez-le-feu et la proclamation de l'indépendance, en particulier sur les axes routiers, plus vulnérables. Des indicateurs informent les autorités françaises que les victimes sont conduites dans des centres d'interrogatoire, situés dans les quartiers musulmans, où la pratique de la torture serait systématique, notamment pour extorquer des renseignements sur l'OAS. Un nom revient dans les procès-verbaux de la gendarmerie : celui de Mouedenne Attou, qui exerce son pouvoir sur le secteur du Petit-Lac. Ses excès auraient même été sanctionnés par ses supérieurs, qui l'auraient passé à tabac à titre d'avertissement.

La fin de l'OAS

Barrages, patrouilles aériennes, explosions aveugles, assassinats, snipers…, la violence est omniprésente à Oran à la fin du mois de juin 1962. « On ne peut plus enterrer les morts : le cimetière de Saint-Eugène est proche des quartiers musulmans et les fossoyeurs refusent de s'y rendre. Les morgues étant pleines, les familles doivent conserver les corps chez elles[48]. » Le ramassage des ordures ne se fait plus. Une odeur pestilentielle règne dans les rues de la ville dont le paysage fait penser à celui que décrit Camus dans *La Peste*. Le projet de réduit oranais n'a plus de sens, à l'approche du référendum sur l'indépendance fixé au 1er juillet. Les Européens commencent à quitter la ville en masse, en dépit des menaces répétées de l'OAS. Alors qu'à Alger, le responsable de l'organisation, Jean-Jacques Susini, négocie à la mi-juin un cessez-le-feu et des garanties pour les Européens avec le Dr Chawki Mostefaï, représentant du GPRA au sein de l'Exécutif provisoire[49], une partie de l'état-major oranais – en particulier le général Gardy – refuse cette perspective. La position de l'OAS est de plus en plus difficile à tenir, d'autant que le 19 juin le général Salan, de sa prison, apporte son soutien à l'initiative de Jean-Jacques Susini[50]. L'OAS oranaise est désemparée : le maintien de la population sur place et son intégration dans l'Algérie nouvelle – comme le préconise désormais Salan – devient illusoire. Trop de sang a coulé.

La décision d'abandonner la ville est aussi soudaine que la violence avait été intense. Elle est annoncée par les militaires de l'OAS : le 22 juin, lors d'une émission radio, le général Gardy appelle les populations européennes à quitter Oran, mais annonce son intention de maintenir sur place quelques commandos pour achever la stratégie de la terre brûlée. Des négociations clandestines sont pourtant entreprises à l'initiative d'Alexandre Soyer, un personnage mystérieux venu de métropole qui dispose d'entrées privilégiées au sein des forces de l'ordre, mais aussi de l'OAS. Pierre Laffont, directeur de *L'Écho d'Oran*, lui apporte son concours. Ces tractations portent sur la mise en place d'une force européenne indépendante, et sur l'hypothèse d'une amnistie générale. D'abord, les échanges échouent et la ligne « Gardy » semble l'emporter. Le lundi 25 juin, un attentat contre les citernes de la British Petroleum déclenche un gigantesque incendie. Les flammes s'élèvent à cent cinquante mètres. Cinquante millions de litres de pétrole se consument durant deux jours, provoquant une fumée si opaque qu'elle crée une éclipse artificielle qui plonge certains quartiers d'Oran dans l'obscurité. Les Européens massés sur les quais en attente d'appareiller pour la France doivent se protéger les voies respiratoires avec des chiffons mouillés. Cette opération, dont les photos publiées dans la presse donnent l'ampleur, semble confirmer que les éléments résiduels de l'OAS sont bien décidés à ne laisser au FLN que des cendres et des ruines.

Pourtant, le 26 juin au soir, le colonel Dufour, ancien chef de corps du prestigieux 1er régiment étranger de parachutistes, qui a rejoint l'OAS à Oran, prend la parole. Proche des positions de Salan et Susini, il plaide à son tour pour la fin des combats et des destructions, marquant son désaccord avec le général Gardy. « Afin de ne pas aggraver les malheurs de nos compatriotes qui vivent des jours particulièrement douloureux, je donne l'ordre d'interrompre les destructions qui ont été préparées et qui pourraient aggraver le calvaire de ceux qui attendent avec angoisse le moment de s'embarquer. Je compte de façon absolue sur votre esprit de discipline », déclare-t-il[51]. C'est la fin de l'OAS à Oran. Ce qui restait des « collines » est démantelé. Chefs et militants de l'organisation quittent la ville et l'Algérie. Le 27 juin, le haut-commissaire Christian Fouchet et le général Fourquet, les plus hauts responsables du pouvoir civil et militaire en Algérie, sont à Oran. Dans la cathédrale, ils assistent sous haute protection à une messe en hommage au général Ginestet, décédé à Paris, au Val-de-Grâce, des suites de l'attentat du 14 juin. Le 28, au nom de l'OAS,

Charles Micheletti fait une dernière et longue déclaration aux accents apocalyptiques. « Il existait une poignée d'hommes qui ont lancé un appel désespéré afin de ménager ici le réduit qui sauverait peut-être l'Occident [...]. Il n'y aura pas de réduit, il n'y aura bientôt plus ici d'Occident. Il entre en agonie avec la mort de l'Algérie. L'Algérie est morte. Adieu, Algérie ! Et que soit faite la volonté de Dieu[52] ! » Le 29 juin, tous les chefs et la plupart de leurs commandos – dont les effectifs sont estimés à environ 1 600 hommes – ont quitté la ville, profitant des navires que l'Espagne a envoyés sur place pour rapatrier ses ressortissants, ou embarquant clandestinement à bord des lignes maritimes françaises. Il n'y a plus d'OAS organisée à Oran. Ceux qui sont restés sur place se terrent ou se fondent dans la foule.

Un espoir de réconciliation

Contre toute attente, la disparition de l'OAS à Oran n'amplifie pas les craintes des populations européennes. Au contraire, elle aurait tendance à l'apaiser. Depuis plusieurs semaines, les files d'attente étaient interminables à l'aéroport de la Senia ou sur le port d'Oran, d'où les pieds-noirs cherchaient à quitter l'Algérie par tous les moyens. Dans les rues, on trouve de plus en plus de voitures abandonnées. Appartements et commerces, désertés, attirent dans les zones mitoyennes des quartiers musulmans les premiers « visiteurs » à la recherche des biens délaissés. Michel Coquery estime qu'il reste fin juin environ 100 000 Européens dans la ville, contre 213 000 fin 1961[53]. À ce chiffre, il faut ajouter celui des nombreux réfugiés venus de l'arrière-pays, qui prennent aussi le chemin de l'exil. Mais à partir du 29 juin, les témoins constatent une amorce de détente. « Dans l'ensemble, il n'y a plus de panique et l'exode se calme, note le père de Laparre dans son journal à la date du 29 juin 1962. [...] Dans la rue, on ne se dit plus "Quand partez-vous ?", mais "Partez-vous ?"[54]. » Le départ d'Algérie demeure le choix le plus probable pour la majorité. Mais l'urgence est moins grande. Certains envisagent même un avenir en Algérie indépendante. Bon nombre d'Européens ont en effet le sentiment d'avoir été tellement trahis par le pouvoir métropolitain que cette perspective semble un compromis envisageable. « La rancœur et le dégoût inspirés par la France de De Gaulle font qu'en un sens on n'est pas tellement fâché de s'en détacher. Il y a aussi une certaine confiance en l'avenir puisque tout le monde dit qu'on ne sera sûrement pas plus trompé qu'on ne l'a été par de Gaulle », analyse le père de Laparre[55].

Les responsables en place tentent d'élaborer des structures pour consolider cette détente, malgré les rafales d'armes automatiques qu'on entend encore résonner dans différents quartiers d'Oran, tandis que persistent les rumeurs d'enlèvements. Si Bakhti, le chef du FLN, qui travaille en coordination avec le général Katz – nouveau chef du corps d'armée d'Oran depuis l'assassinat du général Ginestet – multiplie les déclarations d'apaisement. « L'Algérie, déclare-t-il, ne pourra pas se faire sans la minorité européenne. Il n'y a que les aveugles qui ne le voient pas[56]. » Des camions militaires français se mettent à sillonner les quartiers européens pour tranquilliser les habitants. Leur sécurité demeurera assurée par des unités françaises au cours des trois années suivantes, conformément aux accords d'Évian, expliquent les messages diffusés par tracts ou haut-parleurs. Une commission de réconciliation est créée à l'initiative du FLN et de Si Bakhti. Après une tentative de réunion avortée au Village-Nègre, les protagonistes se retrouvent dans le cadre plus institutionnel de la préfecture. Les représentants du FLN arrivent en retard à cette réunion à laquelle participent entre autres, côté français, le préfet (IGAME[57]) René Thomas, le préfet de police Jacques Biget – naguère surnommé « Bigette » par l'OAS –, le général Katz et Mgr Bertrand Lacaste, évêque d'Oran. Si Bakhti tient à se positionner comme le nouveau maître, et alterne les propos cassants et les paroles rassurantes, assurant « répondre des Musulmans » en temps de paix, et donc de la sécurité des Européens[58]. À l'issue de cette rencontre, la composition du comité de réconciliation est entérinée : il comprend vingt-huit membres, dont quatorze représentent les Européens et la communauté juive, en la personne du rabbin Cohen[59]. L'une de ses premières initiatives est d'appeler à une grande manifestation de réconciliation sur la place du Maréchal-Foch, le 30 juin dans l'après-midi. Pour la première fois depuis des mois, des centaines de musulmans pénètrent dans les quartiers européens et se réunissent devant la mairie, où une estrade a été improvisée. Selon les observateurs, cinq cents à six cents Européens sont présents à ce rassemblement, qui compte environ quatre mille personnes. Une motion est diffusée à l'issue de la manifestation : « Réunie le 30 juin 1962, sur la place Foch, la population oranaise, tant musulmane qu'européenne, se félicite du climat d'apaisement qui s'instaure dans notre cité et convie tous les citoyens et toutes les citoyennes à voter demain “Oui” pour une Algérie libre et indépendante, démocrate et sociale[60]. » Un tract circule, destiné aux Européens : « Nous vous tendons une main fraternelle et loyale. Venez à nous. Nos quartiers vous sont largement ouverts. Une sécurité absolue vous y est garantie[61]. » Les forces de l'ordre françaises participent aussi à cette action psychologique et encouragent les Européens à accepter le transfert de souveraineté. La presse, pour appuyer ce changement de climat, évoque les moments de fraternisation aussi inattendus que fragiles. *L'Écho d'Oran* relate ainsi que sur le boulevard Herriot, qui longe la Ville-Nouvelle à majorité musulmane, « des scènes absolument inédites et d'un caractère spectaculaire se [produisent]. Sous les applaudissements, de jeunes scootéristes européens, des autobus remplis de travailleurs européens, des voitures, des camions conduits par des Européens [passent] sans discontinuer[62] ». À la veille du référendum, la rupture ne semble plus inéluctable. Les personnalités qui s'expriment dans les manifestations de fraternisation affichent un semblant d'unité sur le choix des objectifs définis en ce dernier jour de l'Algérie française. Dans la soirée, les quartiers musulmans résonnent de youyous et de cris d'allégresse.

L'indépendance

Il règne à Oran un climat inhabituel le 1er juillet, jour où les habitants d'Algérie votent pour répondre à la question : « Voulez-vous que l'Algérie devienne un État indépendant coopérant avec la France dans les conditions définies par la déclaration du 19 mars 1962 ? » Toute la journée, les électeurs défilent aux bureaux de vote installés dans les locaux que les plasticages ont épargnés, ne serait-ce que partiellement. Voter n'est pas la seule préoccupation des Européens. Il s'agit aussi de s'approvisionner, malgré l'explosion du prix des produits de première nécessité, et pour beaucoup de préparer le départ. Dans la soirée, des séries de coups de feu et quelques tirs d'armes lourdes rappellent, s'il le fallait, que l'apaisement reste précaire. L'annonce des résultats du scrutin est prévue le mardi 3 juillet. Le lundi se déroule dans une atmosphère d'expectative, même si les résultats semblent joués. Le père de Laparre décrit l'ambiance : « Toute la matinée, défilé de klaxons musulmans. Chacun son tour. Algérie Ya-Ya. […] Des groupes de jeunes, brandissant des drapeaux et hurlant, passent accrochés sur des voitures, des camions et des vélos. Les Européens sont submergés, certains encore suffoqués par la promptitude du dégel. La plupart, au fond, sans l'avouer, sont, je crois, contents. » Mais le même jour, il observe aussi une « interminable queue, devant la préfecture, des gens qui veulent partir[63] ».

Le 3 juillet, le résultat est sans appel. À 10 h 15, de Rocher-Noir où siège l'Exécutif provisoire, Me Kaddour Sator, le président de la commission de contrôle du référendum, annonce les résultats officiels. Le « Oui » recueille près de 6 millions de bulletins, le « Non », 16 534. L'indépendance de l'Algérie est souhaitée par 99,72 % des suffrages exprimés, et 91,23 % des inscrits. À Oran, on estime que 20 500 Européens ont voté, 17 000 pour le « Oui » et 3 500 pour le « Non ». Sans nier l'ampleur du score recueilli par le « Oui » à l'échelle de l'Algérie, il convient de rappeler qu'au 1er juillet, de très nombreux pieds-noirs avaient déjà quitté leur terre, tandis que ceux des musulmans qui auraient pu choisir la France avaient toutes les raisons de se montrer prudents, en dépit des dispositions prévues par les accords d'Évian. Enfin, des Européens – pourtant partisans de l'Algérie française – se sont résolus à voter « Oui » pour mettre fin aux violences et sauver ce qui pouvait l'être[64]. Les jeux sont faits. L'Algérie française a vécu. Le haut-commissaire Christian Fouchet transmet au président de l'Exécutif provisoire Abderrahmane Farès un câble du général de Gaulle. Le texte, que le président de la République a fait lire le matin même lors d'un Conseil des ministres extraordinaire, est solennel : « Monsieur le Président, la France a pris acte du scrutin d'autodétermination du 1er juillet 1962 et de la mise en vigueur de la déclaration du 19 mars 1962. Elle a reconnu l'indépendance de l'Algérie. En conséquence [...] les compétences afférentes à la souveraineté sur les territoires des anciens départements français d'Algérie sont, à compter de ce jour, transférées à l'Exécutif provisoire de l'État algérien. En cette solennelle circonstance, je tiens à vous exprimer, Monsieur le Président, les vœux profondément sincères, qu'avec la France tout entière, je forme pour l'avenir de l'Algérie. » Le premier ambassadeur de France en Algérie est nommé : Jean-Marcel Jeanneney.

Dans les rues des grandes villes d'Algérie, les manifestations d'enthousiasme éclatent. Youyous, klaxons, coups de feu..., le bruit est assourdissant. En écho à la capitulation d'Alger face aux troupes du maréchal de Bourmont le 5 juillet 1830, Benyoucef Ben Khedda – le président du GPRA, qui fait une entrée triomphale à Alger dès la proclamation des résultats – choisit symboliquement de fixer au 5 juillet 1962 la date officielle de l'indépendance et la fin de la première partie de la « révolution ».

Chapitre 3

CHASSE À L'HOMME

> « À quelle hécatombe condamnerions-nous ce pays si nous étions encore assez stupides et assez lâches pour l'abandonner ! »
>
> Charles de Gaulle,
> conférence de presse du 23 octobre 1958

Lorsque le jour se lève sur Oran, le 5 juillet 1962, rien ne laisse soupçonner l'imminence d'un massacre. La situation reste stable par rapport aux journées précédentes. Les ordures non ramassées, où se réfugient des cohortes de rats, dégagent toujours leur odeur dans les rues d'une ville qui commence à peine à se remettre des mois de violence ininterrompue. À l'appel de Ben Khedda, l'indépendance doit être célébrée partout en Algérie, deux jours après l'annonce des résultats du référendum. Les Européens d'Oran, y compris ceux qui ont finalement voté « Oui », se résignent à observer le spectacle, non sans une certaine amertume. Les plus engagés de ceux qui choisissent la voie ouverte par le Comité de réconciliation – ils sont rares – n'excluent pas d'intégrer les cortèges, afin de manifester leur volonté de participer à l'édification d'une Algérie nouvelle. Mais les urgences sont ailleurs : l'alimentation, la sécurité et les transports demeurent prioritaires.

Oran à l'heure du FLN

Depuis le cessez-le-feu du 19 mars, des éléments policiers et militaires se sont déployés étape par étape dans les quartiers musulmans. Ils sont désormais seuls en place. L'Algérie est devenue un État souverain dans lequel la France n'a plus aucune autorité. Les soldats de la « force locale » et les « auxiliaires temporaires occasionnels » (ATO), recrutés après les accords d'Évian pour former les forces de l'ordre de l'exécutif provisoire, ne brillent ni par leur professionnalisme, ni par leur discipline. En particulier en Oranie, où l'éradication des combattants du FLN par l'armée française ne favorise pas l'émergence de cadres compétents, formés à l'école du maquis.

On y trouve de nombreux « marsiens » – ces ralliés de la dernière heure venus au camp de l'indépendance en mars 1962 – ainsi que des jeunes gens issus de milieux pauvres, parfois délinquants, souvent incontrôlables. « Le FLN recrute parmi le sous-prolétariat, les chômeurs "déguisés", et rarement parmi la petite bourgeoisie et les petits commerçants[1]. » Certains d'entre eux sont impliqués dans la multiplication des enlèvements qui frappent les Européens à partir d'avril 1962. Avec l'indépendance, les ATO sont renforcés par les rares éléments de l'ALN, rescapés des combats de 1959-1960, qui descendent des maquis. Réunis au sein de plusieurs katibas, ils défilent le 3 juillet en bon ordre dans les rues d'Oran.

Les divisions qui séparaient les différentes tendances du FLN avant l'indépendance de l'Algérie sont de plus en plus criantes. En particulier dans la zone autonome d'Oran, où les forces de l'ordre balbutiantes, commandées par Si Bakhti, sont censées relever de l'autorité du GPRA. Mais la wilaya 5 (Oranie), commandée par le colonel Othmane, obéit à l'état-major général (EMG), la structure de commandement de l'ALN dirigée par Houari Boumediene. Cantonné de l'autre côté de la frontière marocaine, ce dernier s'oppose ouvertement au GPRA de Ben Khedda depuis l'été 1961, au point d'être démis de ses fonctions le 30 juin 1962. Il s'est assuré le soutien d'Ahmed Ben Bella, le chef historique du FLN emprisonné en France depuis 1956[2]. Sitôt proclamée l'indépendance, l'EMG veut contrôler l'Oranie et imposer ses vues à Alger. Il fait traverser la frontière à plusieurs détachements qui gagnent d'abord Tlemcen, situé à quelques kilomètres au-delà de la frontière marocaine en direction d'Oran. Le 5 juillet, les troupes de l'EMG ne sont pas encore parvenues à Oran, mais leur arrivée semble imminente. Dans cette équation complexe, la position de Si Bakhti fait office d'inconnue. Son autorité est reconnue par le GPRA, bien que sa proximité avec le clan Boumediene-Ben Bella soit de notoriété publique. C'est sur lui, quoi qu'il en soit, que repose la responsabilité du maintien de l'ordre à Oran pendant ces journées de transition historiques.

La fête de l'Indépendance

L'aube est calme, mais la chaleur déjà pesante annonce une journée étouffante. Toute la population d'Oran se prépare pour le défilé de l'Indépendance, pour y assister soit dans l'allégresse, soit le cœur lourd. L'arrivée imminente des soldats de l'ALN stationnés au Maroc inquiète vaguement les Européens, qui les savent intransigeants et peu disposés à bâtir le futur de l'Algérie avec les pieds-noirs qui espèrent rester sur leur terre natale. « Tout le monde sait leurs prises de positions politiques et leur intangible ligne de conduite à l'égard des Européens : la valise ou le cercueil[3]. » Mais cette préoccupation demeure secondaire au regard de l'événement de la journée : Oran devient officiellement une ville algérienne. Les derniers drapeaux français sont remplacés par les couleurs de l'Algérie indépendante.

Les foules algériennes, sur leur trente et un, arrivent dès le début de la matinée, à pied, en bus, parfois sur des ânes ou des chevaux. Des hommes s'entassent dans des camionnettes surchargées, hérissées de drapeaux algériens, klaxonnant sans discontinuer. Dès 8 heures, tous convergent vers la place Foch, ou place d'Armes, via le boulevard Joseph-Andrieu, le boulevard de Sébastopol et le boulevard du Maréchal-Joffre. L'ambiance apparente est plutôt chaleureuse. André Amadeuf, un pied-noir de Sidi-Bel-Abbès en transit par Oran pour quitter l'Algérie, est un des premiers dans le centre-ville. L'ambiance a de quoi le surprendre : « Des milliers d'Algériens en liesse nous font une haie d'honneur, ils chantent, ils crient, ils dansent, en apparence ils semblent bienveillants, des youyous fusent. Je ne ressens aucune hostilité. Ils attendent, paraît-il, un défilé du FLN », raconte-t-il[4]. Dans son appartement du boulevard Clemenceau, Sydney Zemor fait le même constat : « J'ai commencé à voir de mon balcon [...] les foules d'Arabes qui descendaient, qui descendaient… Avec les chevaux, les voitures peintes en vert et blanc, les Mauresques habillées en vert et blanc. C'était la fête. Ce n'était pas une ambiance de révolution, ce n'était pas une ambiance à tuer les gens. C'était une atmosphère de fête pour eux. Évidemment pour nous ce n'était pas tout à fait pareil, mais c'était une atmosphère de fête[5]. »

Il faut jouer des coudes pour se frayer un chemin et progresser de quelques mètres. La foule est bigarrée, représentative de la population locale. Les femmes se sont couvertes de leurs plus beaux haïks (grands voiles traditionnels) qui font dans la foule des taches d'un blanc aveuglant. Des vieillards ont revêtu leurs costumes traditionnels, parfois coiffés de larges chapeaux de paille typiques de la région. Moins spectaculaires, de nombreux hommes dans la force de l'âge avancent, couverts de la chéchia traditionnelle. Des gamins, que les parents ont habillés aux couleurs de l'Algérie nouvelle, se faufilent entre les jambes des plus grands. Le père de Laparre décrit « une mer de blanc, de rouge et de vert[6] ». Les scouts musulmans, recrutés en masse après les accords d'Évian, sont omniprésents et canalisent les masses en mouvement. Des uniformes enfin, ceux des ATO ou des soldats de l'ALN, ponctuent la foule de nuances kaki.

Le bruit est assourdissant. Les youyous stridents des femmes couvrent souvent le slogan crié par les manifestants : « Ya ya Djazaïr ! » Le défilé prend un air de fantasia. Un journaliste raconte : « Des défilés précédés de cavaliers brandissant des étendards parcourent les artères centrales où les airs des chants populaires, les danses, sont accompagnés par un tintamarre de sifflets et de klaxons. Drapeaux algériens et chérifiens flottent sur des voitures, des chars fleuris et garnis de branches de palmiers fermant la marche de la population en liesse[7]... » L'ambiance est presque sensuelle, dans le rythme obsédant des tambours. Les femmes dansent à l'orientale. Nous sommes à Oran la libérale. Les consignes austères du FLN ne s'appliquent guère ici. Et si ailleurs en Algérie on a coupé le nez, les lèvres ou les oreilles de ceux qui fument ou boivent, à Oran les cadres du FLN se montrent plus laxistes. La statue équestre de Jeanne d'Arc, qui se dresse devant la cathédrale de style néomauresque, est équipée d'un drapeau du FLN. Une femme, par provocation, se déhanche lascivement entre les jambes de la monture. « Les mains claquent au rythme de la danse. Des milliers de mains scandent le rythme à deux temps de cet étrange ballet [...]. Les grands, les petits, les vieux et les jeunes participent au viol collectif d'une statue. Il n'y a plus de France en Algérie. Il n'y a plus de pucelle française[8]. » Jamais les musulmans n'auraient pu imaginer de telles scènes. Dans « la plus européenne des villes d'Algérie » !

De leurs balcons, les riverains européens suivent le spectacle. Certains, par curiosité ou par obligation, rarement par conviction, descendent sur la chaussée. « Parfois on croise un Européen, perdu dans cette mêlée comme un étranger, la tête dans les épaules[9]. » Les Européens sont devenus des ASE, des « Algériens de souche européenne », comme auparavant on parlait des FSNA, « Français de souche nord-africaine ». Hormis quelques regards obliques, quelques bras d'honneur, rien n'indique l'hostilité et encore moins les prémices d'une chasse à l'homme géante. Pourtant, la situation bascule en quelques minutes.

L'étincelle

C'est aux alentours de 11 h 15 que claquent les premiers coups de feu. Les circonstances demeurent confuses. Les premières victimes présumées seraient des scouts musulmans. Certains disent que les tirs viennent du quartier de l'Opéra. D'autres, d'un balcon de la place Karghenta. On parle aussi du secteur de la gare. Impossible de savoir qui en est responsable. Affrontement entre ATO et soldats de l'ALN ? Tirs spontanés d'allégresse ? Pied-noir excédé qui a voulu faire un « carton » ? Policiers européens pris à partie et se dégageant de cette mauvaise passe en tirant de coups de semonce ? Ultime opération des « collines » de l'OAS ? Les enquêtes ultérieures ne l'ont pas établi. Sur le moment, le fauteur est tout trouvé : « C'est l'OAS ! » crie-t-on dans la foule. Une accusation hâtive quand on sait que tout l'état-major et la plupart des commandos ont déjà quitté la ville après l'appel du colonel Dufour. L'hypothèse d'un « baroud d'honneur » est aujourd'hui l'une des hypothèses les moins crédibles. Au cours des journées suivantes, même les plus hauts responsables du FLN ne formuleront plus cette explication.

La vue du sang déclenche peur et fureur dans la foule. Aux alentours de midi, il n'est plus question de tirs sporadiques. Les coups de feu s'enchaînent à un rythme de plus en plus dense et deviennent des rafales meurtrières. Aux soldats de l'ALN et aux ATO qui ripostent plus ou moins à l'aveuglette à ces coups de feu mystérieux, se joignent des manifestants, dont certains étaient venus armés de couteaux, de pistolets et même de pistolets-mitrailleurs, dissimulés sous leurs vêtements. Les manifestants s'éparpillent, se fragmentent en petits groupes qui investissent les rues perpendiculaires aux grands boulevards. Les cibles des émeutiers sont identifiées : les Européens.

Meurtres en masse

Après des mois de violence, marqués par des détonations quotidiennes – coups de feu ou explosions –, les Européens ne mesurent pas immédiatement la gravité de la situation. En cette fin de matinée, ils vaquent à leurs occupations dans les quartiers que la foule algérienne n'a pas encore investis. Des témoignages concordants révèlent que plusieurs victimes sont assassinées en pleine activité, prises par surprise. André Lerme était là : « Vers 12 h 15, au "restaurant du Midi", nous mangions tranquillement quand, brusquement, des coups de feu ont claqué, très proches [...]. Le rideau du restaurant a été baissé, mais pas complètement. Est-ce ce geste qui a tout déclenché ? Je ne sais pas. Toujours est-il qu'une rafale de mitraillette a été tirée dans le rideau métallique. [...] Finalement, les Algériens sont entrés dans le restaurant et nous ont forcés à nous aligner à l'extérieur[10]. »

L'atmosphère change en quelques minutes. Serge Lentz, reporter pour *Paris Match*, vient de Tlemcen en voiture avec son confrère, le photographe Jean-Pierre Biot. Alors qu'ils parviennent dans les faubourgs d'Oran aux alentours de 12 h 20, il est arrêté à un barrage. « Un soldat de l'ALN ouvre ma portière avec violence, et me fait littéralement tourbillonner hors de ma voiture. Là, il pose sa mitraillette sur mon ventre pendant qu'un autre me fait lever les bras et me fouille de la tête aux pieds[11]. » À cran, le soldat de l'ALN vient d'apprendre le déclenchement des violences devant la mairie. Parvenus au centre d'Oran à 12 h 50, les journalistes voient des militaires musulmans « embusqués dans les porches des maisons [qui] tirent à l'aveuglette ». Puis leur voiture qui atteint le boulevard du 2e-Zouaves est prise pour cible par deux mitrailleuses lourdes. Les reporters en sont extraits par des émeutiers, mais immédiatement relâchés dès qu'ils ont fait valoir leur statut de journalistes. Petit à petit, les rues des quartiers européens se vident. Les habitants montent se réfugier dans leurs appartements. À 13 h 20, note le père de Laparre qui demeure dans son patronage du quartier de Saint-Eugène, « tout est silencieux. Il n'y a que des rafales d'armes automatiques et un vide impressionnant des rues[12] ».

Les Européens ne tardent guère à comprendre que ces agressions que l'on croyait isolées – comparables à celles des nombreux mois précédents – se transforment en massacre à grande échelle. Des hommes en uniforme tirent sur tout ce qui bouge. Vers 13 h 45, Sydney Zemor arrive à pied place Lyautey, à deux pas du front de mer. Lui aussi est impressionné par le silence. Il croise le chemin d'un soldat du FLN en uniforme kaki qui contrôle un camion. L'homme est surpris, hurle quelques phrases en arabe que Sydney Zemor ne comprend pas. Par prudence, il lève les bras. « Mais le bonhomme arme son fusil, épaule. Jusqu'à présent j'avais réussi à garder mon sang-froid. Je me suis dit qu'il me braquait comme ça pour me tenir en respect et me dire d'avancer. [...] Mais au lieu de me dire d'avancer, il tire un coup de fusil[13]. »

Sydney Zemor bondit sur le côté, échappe à un second coup de feu et parvient à trouver refuge dans l'immeuble des « Dragages ».

Dans les rues quelques derniers Européens n'ont pas réussi à trouver de refuge. Des bandes surgissent de partout et ouvrent le feu à l'arme automatique sur les devantures des boutiques ou les façades des immeubles qu'ils pillent presque systématiquement. Plusieurs Européens sont abattus à bout portant devant le lycée Lamoricière[14]. Le Dr Alquié qui sillonne les quartiers européens à bord de sa 2 CV aborde la place des Victoires aux alentours de 14 heures. Sur le boulevard du Front-de-Mer, il reconnaît « quelques cadavres d'Européens égorgés ou tués[15] ». Appelé pour aller soigner une femme blessée, il se rend sans hésiter rue Mirauchaux escorté par deux soldats menaçants, mais qui respectent son statut de médecin. Sur place, il ne trouve que trois cadavres. Au total, le Dr Alquié estime avoir compté une douzaine de cadavres européens dans les rues au cours de sa journée. Une femme est retrouvée morte, suspendue par le cou à un croc de boucher dans une boutique, non loin du cinéma Rex[16]. Un homme a été lentement écrasé entre un mur et le pare-chocs d'un camion conduit par des hommes du FLN[17]. À la poste centrale, place de la Bastille, un groupe d'Algériens pénètre en force et terrorise les employés. L'un d'eux, Étienne Estève-Castilla, réussit à s'échapper ; il s'isole sur une terrasse après avoir vidé sur les marches des escaliers la mousse de plusieurs extincteurs. De son refuge, il émet une série de SOS au moyen d'un poste radio. L'alerte passée, il redescend de sa cachette et bute sur la tête de la bibliothécaire de la poste, décapitée par les assassins[18].

Les Algériens profitent des émeutes pour régler leur compte aux musulmans qui s'étaient montrés soit trop fidèles à la France, soit trop peu motivés par l'enjeu de la révolution algérienne. Serge Lentz en parle dans son reportage pour *Paris Match*. Aux alentours de 13 h 20, alors qu'il cherche un refuge avec son confrère Jean-Pierre Biot, il voit un cadavre. « C'est un musulman que d'autres musulmans ont poursuivi jusqu'ici. [...] Le malheureux a été abattu d'une balle de revolver, puis achevé à coups de crosse et à coups de couteau. Le corps n'a plus rien d'humain. La tête a été à moitié arrachée[19]. » Le quartier de Ville-Nouvelle est l'un des principaux théâtres des massacres. Les passagers d'un hélicoptère qui survolera plus tard la place de la Liberté, dans le quartier de Ville-Nouvelle, repère de larges flaques de sang, traces probables d'exécutions massives et publiques dont les victimes sont des musulmans[20].

À la morgue, les cadavres s'amoncellent, amenés de tous les quartiers de la ville. Antoine Romero, employé au Centre hospitalier régional d'Oran, est sur place. « Arrivé devant la morgue, je n'en crus pas mes yeux devant le carnage. Là, devant moi, une camionnette civile avec des ridelles était chargée de corps d'Européens sans vie, empilés les uns sur les autres, et ramassés en ville quelque temps auparavant. [...] Ces Européens, apparemment tués par balles, étaient déchargés à bras par des groupes d'Algériens en blouses grises, des "polleros" (marchand de volailles)[21]. »

Les rafles

Les lynchages au grand jour ne constituent que la partie visible des exactions. Les émeutiers – civils ou militaires – procèdent aussi à des enlèvements en masse. Dans les rues, les immeubles, ils se livrent à de véritables rafles. Les rares photos de la journée, notamment celle de Jean-Pierre Biot que publie *Paris Match* pour illustrer l'article de Serge Lentz, montrent des Européens en file, les bras derrière la tête, menacés par des hommes en armes. Partout se déroulent des scènes identiques. Extirpés de leurs véhicules, délogés de leurs appartements, des Européens – surtout des hommes, mais aussi des femmes – sont arrêtés, parfois molestés, et regroupés. C'est le cas de Viviane Pinto-Ezagouri, 17 ans, qui habite boulevard du 2e-Zouaves : « Je suis descendue dans la rue. Ma mère voulait absolument me retenir mais je voulais retrouver mon petit ami. Cela faisait quatre jours que nous étions cloîtrés. Mais dans la rue, je suis tombée sur une marée humaine. On nous a arrêtés et collés contre un mur. Je pleurais, je tremblais comme une feuille. Des camions sont arrivés dans lesquels on faisait monter les Européens à coups de crosse. Mais une femme arabe voulait ma peau. Elle a dit à un soldat de l'ALN qui me braquait avec sa mitraillette : “Celle-là tu me la laisses !” Finalement, un chef de l'ALN est arrivé : il m'a laissée partir et j'ai même pu sauver mon copain[22]. »

Les émeutiers ne se contentent pas de mettre la main sur les passants dans la rue : ils montent aussi dans les immeubles pour en déloger les habitants. Marie-Jeanne Rodriguez témoigne : « Des cris menaçants résonnèrent dans la cage d'escalier : "Ouvrez-nous !" C'étaient des voix d'hommes enragés. On les entendit monter quatre à quatre les escaliers ; leurs godillots nous faisaient comprendre que c'était des militaires. On entendit : "Sortez ! Nous voulons les hommes et si nous trouvons une arme, on vous fusille !"[23]. » Terrées derrières les persiennes de leurs logements, les familles pieds-noirs épargnées voient leurs voisins emmenés en file vers des destinations inconnues. André Amadeuf, qui avait été surpris par l'atmosphère bon enfant du début de la matinée, se trouve pris dans les émeutes et il se réfugie au garage Peugeot, en face de la brasserie Bousquet. Soudain, « des FLN arrivent dans un car qu'ils garent face au garage, ils investissent les immeubles, et en ressortent avec des civils européens, des hommes seulement, qu'ils font monter dans le car après avoir récupéré les clés et les voitures de ces malheureux[24] ». Un médecin, son épouse et un nourrisson se sont abrités dans le garage avec André Amadeuf. Les trois adultes sont obsédés par le comportement du bébé dont le moindre cri pourrait attirer l'attention des bandes armées.

Le témoignage de Jacques Benhaïm n'est pas moins saisissant : « Mon père est allé rue des Juifs pour faire son marché. Place d'Armes, il a été arrêté par des fellaghas ; en le frappant, on l'a fait monter dans un GMC[25] avec d'autres Européens. On les a emmenés au Village-Nègre où, circulant dans les rues, les Arabes les ont injuriés en leur lançant des pierres. Ensuite on les a conduits au commissariat central. On les a fait mettre face contre le mur, les mains en l'air. Depuis qu'il avait été arrêté, un très jeune homme, resté près de mon père, pleurait[26]. » Serge Lentz, qui n'est pas loin du commissariat central, observe vers 15 h 15 « une longue colonne d'Européens qui remontent la rue, plus de quatre cents. Les visages sont durs, fermés, certains tuméfiés. La colonne est silencieuse. C'est un spectacle poignant[27] ». Jean-Pierre Chevènement échappe lui aussi au pire alors qu'il revient du port : « Je me heurte à ces imbéciles qui, pistolets-mitrailleurs sur le ventre, culasse en arrière s'il vous plaît, m'arrachent à mon siège et me collent contre un mur avec une bande de malheureux pieds-noirs flageolant sur leurs jambes. Comment je m'en suis sorti, je ne l'ai jamais compris[28]. »

On se cache dans les caves, les greniers, les placards, sous les tables. Une seule urgence : échapper aux balles ou aux rafles. À la Grande Poste d'Oran, deux hommes ont réussi à échapper à la rage des émeutiers, l'un en se cachant dans une armoire électrique, l'autre dans une cuve de deux cents litres d'huile destinée aux usages de la cantine[29]. Le siège de *L'Écho d'Oran* est l'un des principaux refuges pour les Européens surpris dans les rues du centre-ville. Pierre Laffont, son directeur, raconte : « Situé près de la mairie, l'immeuble de notre journal sert pour la dernière fois de refuge aux Français. Dans le hall aux lourdes colonnes, la foule n'est plus sportive et joyeuse. Elle est affolée et elle pleure[30]. » Des pieds-noirs poursuivis cherchent aussi refuge dans les églises pour y implorer Notre-Dame de Santa Cruz qui avait protégé la ville du choléra en 1849.

Ces arrestations furent-elles spontanées ou planifiées ? On a supposé que les Algériens – ayant mis la main sur le fichier des personnes soupçonnées d'avoir appartenu à l'OAS grâce à la complaisance de membres des forces de l'ordre françaises – avaient profité des émeutes pour opérer une purge expéditive. Cette hypothèse est corroborée par plusieurs témoignages selon lesquels l'identité des personnes raflées est soigneusement vérifiée par les Algériens qui décident ensuite de relâcher, ou non, les suspects. Les patronymes à consonance espagnole sont particulièrement contrôlés, car indices d'une probable implantation oranaise ancienne, et donc, dans l'esprit des meneurs, d'appartenance à l'OAS.

Mais la plupart des personnes qui disparaissent le 5 juillet sont victimes de kidnappings aléatoires. Les grands axes routiers, à la sortie d'Oran, font partie des lieux les plus dangereux ce jour-là. Des barrages y sont dressés, tenus par des militaires et par des civils parfois incontrôlables. Jean Monneret a retrouvé dans les archives militaires une série de documents faisant état de ces exactions. On y apprend ainsi que vers 17 heures « une vingtaine d'Européens sont lapidés sur l'autoroute à proximité du Petit-Lac[31] ». De nombreux rapts y sont recensés, concernant plusieurs figures locales comme Paul Teuma, le directeur des établissements Monserrat (vins et boissons gazeuses) enlevé avec trois de ses employés – Édouard Segura, Jean Lenormand et Manuel Hernandez – alors qu'il escortait deux camions de livraison[32], ou l'abbé André Saillard et son diacre, le frère André-Marie – Adolphe Bieber à l'état civil.

Au commissariat central

Certains Européens se retrouvent enfermés à proximité du lieu de leur enlèvement, dans des caves ou des arrière-cours où ils sont détenus avant d'être relâchés ou, plus souvent, assassinés. Des cadavres retrouvés par la suite – parfois dans des puits ou dans des fours de bains maures – confirment que de nombreuses victimes ont été mises à mort peu de temps après leur enlèvement. D'autres individus sont regroupés et emmenés vers des centres, sur lesquels circulent les rumeurs les plus inquiétantes. Ainsi, au commissariat central, situé rue Jules-Simon en face du lycée de jeunes filles, le traitement des Européens raflés dans le centre-ville semble bien organisé. Des centaines de personnes y sont conduites dès le début des émeutes.

Les personnes arrêtées arrivent à pied, en camion où même dans des fourgons de police algériens. Certains hommes, surpris au cours d'une sieste – ou emmenés après un début de lynchage – se présentent en slip. Des rescapés évoquent l'hostilité des badauds algériens, crachant sur leur passage ou passant leur pouce sous la gorge en avertissement non équivoque de l'égorgement promis. André Lerme, on s'en souvient, avait été arrêté en plein repas au « restaurant du Midi ». Il est conduit en bus au commissariat central avec ses compagnons de malheur. « Tout le monde a été parqué sur le trottoir, où nous avons attendu, attendu sous le soleil. On nous a apporté de l'eau pour boire. Nous étions observés par des résistants de la vingt-cinquième heure et certains ont commencé à tomber la veste pour nous tabasser[33]. »

Sur les violences commises le 5 juillet au commissariat central on manque encore de précisions. Des récits terribles circulent, faisant état de monceaux de cadavres européens empilés dans les sous-sols des bâtiments. Un certain Monsieur C.T. aurait été molesté sur place après avoir été arrêté sur la route de la Senia. Évanoui, il aurait été jeté sur un tas de cadavres défigurés[34]. Un autre récit évoque des exécutions massives au pistolet-mitrailleur, des cadavres empilés sur plusieurs couches et des ruisseaux de sang s'écoulant sous les portes des cellules ou dans les caniveaux[35]. Jean Monneret demeure circonspect sur l'ampleur des actes commis au commissariat central, sans rejeter pour autant l'hypothèse des assassinats[36]. Plusieurs centaines de personnes y sont en effet regroupées et maltraitées, mais beaucoup sont relâchées dans l'après-midi[37].

Que s'est-il passé au Petit-Lac ?

D'autres regroupements massifs sont opérés tout au long de l'après-midi, par exemple au stade municipal ou à la préfecture. Mais c'est au Petit-Lac que l'horreur atteint son comble. Ce quartier situé en pleine zone « arabe », loin de toute présence européenne, connaît des scènes d'une sauvagerie inouïe. Le secteur – son nom provient de l'étendue salée (*Sebkha*) voisine – est contrôlé par Mouedenne Attou, auteur de nombreux enlèvements depuis le 17 avril. Les Européens ne l'ont jamais beaucoup fréquenté, et plus du tout depuis 1961 et l'explosion de la violence à Oran.

C'est au Petit-Lac que la plupart des personnes kidnappées au cours de la journée du 5 juillet auraient été tuées, sur les rives du lac ou à proximité, non loin du dépotoir clandestin. À l'époque, l'épisode donne lieu à toutes les rumeurs. On parle d'Européens forcés à se noyer sous la menace d'armes automatiques, ou sommés de creuser leur propre tombe avant d'y être fusillés ; de familles entières exécutées en chantant des cantiques.

Quatre témoignages donnent une idée des faits. Le premier émane d'un membre du FLN pour la zone autonome d'Oran, Cheik Benzaoui – probablement un pseudonyme. Jean-François Paya s'en est procuré une copie[38]. Il confirme la perte de contrôle des nouvelles autorités algériennes sur les bandes armées, le 5 juillet, et raconte que « des otages sont exécutés de façon sommaire par des bandes plus ou moins organisées au Petit-Lac[39] ». Un deuxième témoignage a été trouvé par Jean Monneret dans les archives genevoises du Comité international de la Croix-Rouge. Il s'agit de la transcription de l'interrogatoire, mené en 1963, d'une jeune femme musulmane réfugiée en France : « On est parti chez moi, au Petit-Lac, près de la Sebkha. Il y avait beaucoup de monde avec des couteaux, des haches, des armes. Une 403 arriva, un jeune homme et sa fiancée furent sortis de la voiture et on leur a coupé une oreille, le jeune homme disait : "Tuez-moi mais laissez ma fiancée, je vous donnerai tout ce que vous voudrez", mais on a tué la fiancée, puis lui, une femme a apporté un bol pour boire le sang ; c'était ma voisine dont on avait tué le fils. Puis un millionnaire, et d'autres, on leur a enlevé le pouce, et tout le monde avait des pouces collés, cloués contre la porte ; à chaque Européen qu'on amenait, on leur enlevait le pouce [...]. Il y avait aussi une femme enceinte, d'un coup de couteau on lui a ouvert le ventre, le bébé est tombé par terre[40]. »

Jean Monneret ne cite qu'avec prudence ce récit. Pourtant, les deux témoignages suivants semblent le corroborer. Un acteur anonyme, interrogé par Miloud Karim Rouina, raconte : « Nous emmenions les "prisonniers" à la Sebkha près du Petit-Lac pour les tirer à la mitraillette. En fait, nous n'avions même pas le temps de les tuer car dès qu'[ils] descendaient de la fourgonnette, le peuple s'en emparait et les achevait, qui au couteau, qui à la hache, qui par le feu[41]. » Le quatrième récit est fourni par Si Bakhti en personne l'année suivant les événements. À Claude Pilloud, le délégué du Comité international de la Croix-Rouge chargé d'enquêter sur les disparitions d'Oran et qui lui demande d'établir une liste des victimes, il répond qu'il est incapable de fournir un tel renseignement car « les cadavres ont été enfouis par la population après avoir été déchiquetés et volés[42] ». À ces quatre récits, on pourrait ajouter celui d'un Européen, Henri Mas, correspondant de l'AFP à Oran, qui assiste à des travaux d'assainissement du secteur en août 1963 et constate, comme plusieurs autres témoins, la mise au jour d'une trentaine de cadavres non identifiables[43]. Ou encore celui du père de Laparre, confié au journal *Rivarol* en 1965, qui rappelle le cas d'un coopérant français à Oran, professeur de médecine, à qui – en vue d'un cours d'anatomie – ses étudiants avaient apporté un crâne humain récupéré près du Petit-Lac, où selon les jeunes gens on en trouvait beaucoup[44].

Beaucoup plus récemment, dans le film de Jean-Pierre Lledo[45], presque tous les Oranais interrogés connaissent les récits qui circulent sur le Petit-Lac. Kheïr-Eddine Lardjam, un jeune metteur en scène né en 1976, mentionne l'une de ses parentes, présente sur place le 5 juillet, qui a vu des Européens abattus et jetés dans les eaux de la Sebkha. Un autre Oranais, interrogé dans le jardin Welsford – dans le quartier de la Marine – résume les événements du Petit-Lac : « L'Arabe s'en prend au gaouri[46]. Grand ou petit, on l'emmène à l'étang. Et à l'étang on le tue. » Les détails des exécutions, il refuse de les évoquer devant la caméra pour ne pas porter atteinte à l'honneur du peuple algérien, explique-t-il. Un dernier Algérien, filmé place de la Perle, un des lieux les plus populaires du quartier de la Marine, assimile l'ensemble des tueries du 5 juillet à un « génocide ».

Sauvés par des musulmans

Au cours de la journée du 5 juillet, de nombreux Européens sont pourtant sauvés par des musulmans, y compris par des membres de l'ALN ou des ATO. Les violences des derniers mois, les barrages, les assassinats, les explosions, n'ont en effet pas réussi à couper tous les ponts entre les communautés. Ces actes courageux sont essentiels pour comprendre l'histoire de cette journée et ce que fut la fin de l'Algérie française. Si des musulmans interviennent par principe d'humanité, c'est surtout pour sauver un ancien camarade de classe, un collègue de travail, un client fidèle ou une voisine amicale. Les témoignages rassemblés par Geneviève de Ternant l'attestent. Le cas de Gabriel Garcia est typique. Invalide de guerre, employé civil du 28e régiment de train, il est arrêté dans la rue en compagnie d'un adjudant. Emmené au commissariat central, il fait partie de ceux qui attendent interminablement au pied du mur du bâtiment. Régulièrement, des Algériens viennent chercher un captif qui disparaît dans les locaux. Sans doute pour être assassiné, suppose Gabriel Garcia. Son tour arrive, mais la personne qui l'escorte se détourne du chemin habituel pour le conduire discrètement à l'extérieur du commissariat, où il le laisse partir. Le sauveteur est un camarade de la JSMO (Jeunesse sportive marine oranaise) avec qui il avait souvent joué au foot[47]. Paul Benhaïm, patron d'un magasin de tabac en gros situé rue Philippe, attend lui aussi au commissariat central, sûr d'être exécuté[48]. Un de ses anciens employés musulmans, qui a rejoint les rangs des nouveaux maîtres de l'Algérie, le reconnaît et le fait raccompagner en voiture chez lui, ainsi qu'un autre rescapé. Toujours au commissariat central, après son arrestation au « restaurant du Midi »[49], André Lerme voit avec appréhension les « marsiens » s'apprêter à frapper, lui-même et ses compagnons d'infortune. C'est un soldat de l'ALN, inconnu celui-ci, qui s'interpose : « Vous me passerez sur le corps avant de les toucher », prononce-t-il tout en braquant les lyncheurs avec son pistolet mitrailleur.

Si Gabriel Garcia, Paul Benhaïm et André Lerme ont été sauvés *in extremis* alors qu'ils étaient prisonniers, de nombreux Européens ont pu s'échapper suffisamment à l'avance grâce aux renseignements fournis la veille ou en début de matinée par des amis musulmans. Marcelle Routier évoque le cas d'un avocat, Jean-Marie Chabrot, prévenu à deux reprises alors qu'il était à son bureau de la rue Alsace-Lorraine. La première fois par un vendeur de mobylettes européen qui louait un logement à son père. La seconde fois par un client algérien, « venu en vêtement kaki, un revolver passé dans la ceinture[50] ». Il était temps. Quelques instants après, alors que le témoin est en lieu sûr, la rue est investie par des individus armés qui inspectent les boutiques pour emmener commerçants et clients encore présents, mains sur la tête, vers le Village-Nègre. Chaque rescapé de cette journée, ou presque, peut raconter l'histoire d'une femme de ménage, d'un employé, d'un client, venus prévenir un Européen des émeutes imminentes. Autant d'épisodes qui racontent aussi ce qu'étaient les relations entre Européens et musulmans avant l'indépendance.

La fin du massacre

Quelle fut la durée réelle de cette chasse à l'homme ? Si les versions sont cohérentes sur les circonstances de son déclenchement, aux alentours de 11 heures, le moment de la fin des exactions demeure incertain ; d'ailleurs, les violences se sont poursuivies avec une intensité décroissante pendant les journées suivantes dans les quartiers périphériques d'Oran et sur les axes routiers. Concernant le 5 juillet *stricto sensu*, de nombreux témoignages parlent d'un ralentissement des rafles et assassinats à partir du milieu de l'après-midi. Peu à peu, Si Bakhti, qui commande la zone autonome, reprend en main une situation qui lui échappait totalement. Il décrète un couvre-feu vers 15 h 30 – l'heure exacte n'est toujours pas établie – et sa mise en place permet d'identifier les fauteurs de trouble qui sont alors poursuivis. Les Européens qui courent dans les rues pour se mettre à l'abri sont la cible de tirs nombreux pendant la reprise en main des quartiers. D'autres sont relâchés des centres de détention et autorisés à regagner leurs domiciles.

Vers 17 heures, un semblant de calme est revenu au cœur d'Oran. Les rescapés se cachent dans leurs appartements ou leurs maisons, tandis que ceux qui ont réussi à quitter la ville se gardent de revenir chez eux. Des familles, dans la crainte d'une réplique, passent outre le couvre-feu pour gagner un refuge ailleurs, par exemple sur la corniche de Mers el-Kebir. La panique, les coupures de téléphone et les rumeurs les plus folles empêchent, sur le moment, de prendre l'exacte mesure de ce qui vient de se passer. Le sort des disparus – l'immense majorité des victimes du 5 juillet – est un mystère total. Le jour tombe. C'est la fin de la première journée de l'Algérie indépendante.

Qui sont les coupables ?

Cinquante ans après, les causes de ce déferlement meurtrier demeurent inexpliquées. Était-il spontané ou orchestré ? Et s'il y a eu préméditation, qui l'a organisé ? Deux hypothèses majeures se dessinent, une troisième – celle d'une provocation due à un commando résiduel de l'OAS – ayant été écartée par les responsables algériens eux-mêmes.

Le premier scénario, soutenu alors par le FLN, est celui d'un débordement massif et incontrôlé provoqué par les bandes criminelles qui règnent sur les quartiers de Victor-Hugo, de Namur et surtout du Petit-Lac, dominé par Attou. Ces bandes auraient infiltré les cortèges célébrant pacifiquement le passage à l'indépendance, puis multiplié les provocations en sorte de créer un désordre permettant de passer à l'action en toute impunité. La panique des foules et les violences consécutives ne seraient qu'une vaste vengeance, aussi irrationnelle qu'inévitable après des mois de guérilla OAS. Telle est la thèse que défend le nouveau préfet d'Oran, Souiyah Houari, dans un communiqué diffusé peu après le 5 juillet : selon le nouvel homme fort d'Oran, les enlèvements seraient « la conséquence inévitable de sept années de répression féroce où les disparitions de musulmans se sont comptées par milliers[51] ». Plusieurs faits significatifs semblent confirmer cette explication – celle de la provocation criminelle –, comme la présence d'éléments armés parmi les civils, la systématisation des pillages, l'absence de motivation politique ou idéologique lors des rafles – exception faite des contrôles d'identité destinés à vérifier l'appartenance ou non des personnes interpellées à l'OAS –, ou la répression menée au cours des semaines suivantes par les forces de l'ordre algériennes contre les agitateurs supposés du 5 juillet.

Une seconde théorie suppose que le camp Boumediene-Ben Bella aurait prémédité les débordements criminels de cette journée[52]. La présence d'individus en uniforme de l'ALN parmi les émeutiers est l'un des principaux indices qui laissent soupçonner la complicité de l'EMG. L'imminence de l'indépendance fait éclater au grand jour les rivalités qui opposent le GPRA à l'ALN extérieure. Celle-ci, établie au Maroc et en Tunisie, jouit d'une grande influence sur l'Oranie. Dès lors, on peut imaginer que les émeutes du 5 juillet ont été préparées par l'ALN extérieure pour prouver l'incapacité du GPRA à assurer le maintien de l'ordre, grâce à la complicité des chefs locaux du FLN, Si Bakhti en tête. En outre, l'ALN extérieure se montre plus xénophobe que le GPRA. Pour beaucoup de ses membres – partisans du slogan « La valise ou le cercueil » –, les Européens n'ont plus leur place dans l'Algérie indépendante. Une vague d'assassinats et d'enlèvements est un moyen radical de leur indiquer le chemin des ports et aéroports. Imposer l'ordre de

Boumediene et Ben Bella et éradiquer la présence française en Algérie serait donc les deux ressorts du drame du 5 juillet.

Les nombreux témoignages d'Européens, prévenus *in extremis* par leurs amis musulmans, établissent que des mots d'ordre circulent dans la ville, ce qui renforce la théorie de la préméditation. Le père de Laparre raconte qu'un ATO serait venu avertir l'un de ses amis au matin du 5 juillet de l'imminence du massacre, signe d'une organisation méthodique[53]. Par ailleurs, un passage énigmatique du livre *Culture et révolution*, du sociologue Bruno Étienne, impute la responsabilité du massacre à l'ALN extérieure : « Le groupe opérationnel de Cheif Belkacem, commandant du camp ALN de Dar Kaddani, au Maroc, est entré à Oran les premiers jours de juillet 1962. C'est lui qui paraît responsable des massacres et disparitions du 5 juillet 1962 à Oran[54]. » On peut enfin citer un renseignement troublant, recueilli par les forces françaises bien avant les événements du 5 juillet. Selon ce document, récemment mis au jour par Jean-Jacques Jordi : « Bakhti a l'intention de monter des incidents dans le but de tester le comportement des forces armées sous ses ordres[55]. » Cette information n'annonce sans doute pas, rigoureusement parlant, la chasse à l'homme du 5 juillet, mais elle prouve que Si Bakhti était homme à utiliser tous les moyens pour parvenir à imposer son autorité. La vague d'enlèvements d'Européens, déclenchée le 17 avril 1962, avait été coordonnée dans toute l'Algérie : comment croire que Si Bakhti y aurait été étranger ? Alors, que penser ? Le chef FLN de la zone autonome d'Oran fut-il l'instrument d'un crime de masse conçu par Ben Bella et Boumediene ? Autant les indices de la préméditation sont nombreux, autant les éléments de preuves sont encore ténus.

Certains, comme l'historien Jean Monneret[56], contestent cette explication jugée « conspirationniste » et dépourvue de sources solides. L'ALN extérieure, estime-t-il, n'avait en effet nulle obligation de procéder à une telle opération pour s'imposer face au GPRA. Elle possédait des forces armées bien plus redoutables que les wilayas de l'intérieur. En outre, l'allégeance de la wilaya 5 de Si Othmane aux positions de Ben Bella et Boumediene était parfaitement connue du GPRA. Dès lors, l'ALN n'avait aucun besoin de procéder à cette sanglante démonstration de force. La suite des événements au cours de l'été 1962 démontre d'ailleurs que les hommes de Boumediene ne peinent guère à s'imposer sur l'ensemble du territoire algérien. Vu sous cet angle, le drame du 5 juillet n'apparaît pas comme une explication valable pour un tel succès politique et militaire. Mais, si l'on réfute l'hypothèse de la préméditation, on en revient inexorablement aux questions de départ. Comment expliquer les signaux précurseurs, la présence de soldats parmi les émeutiers, l'organisation méthodique des rafles et des exécutions présents derrière l'apparente hystérie des foules ?

Un rite d'exorcisme ?

Reste une lecture à faire au moyen des instruments anthropologiques que propose René Girard, grand spécialiste des phénomènes de violence de masse. En effet, comment ne pas voir dans les faits avérés de cette journée l'expression d'un phénomène d'emballement des masses, de meurtre rituel et de mise à mort de victimes innocentes ? Les schémas girardiens s'ajustent aux éléments de la situation : une collectivité traversée de divisions profondes (les Algériens à l'orée de l'indépendance) tente de retrouver une unité provisoire par la mise à mort de victimes expiatoires que les émeutiers croient sincèrement coupables (les Européens auxquels les foules imputent l'ensemble des violences commises par l'OAS au cours des mois précédents).

Jean Monneret, qui s'est livré à un travail d'historien, ne retient pas cette grille de lecture. Mais il exprime une formule qui montre la possible pertinence de l'interprétation girardienne. Évoquant le basculement du pays vers l'indépendance, il s'interroge : « L'Algérie trouverait-elle un point d'équilibre ? Allait-elle exorciser ses démons intérieurs et, confrontée à de nouvelles et pressantes réalités, s'engager dans la voie de l'apaisement[57] ? » Peut-on considérer que le massacre d'Oran servirait à dépasser les conflits internes qui cisaillent déjà l'Algérie nouvelle ? À forger son indépendance dans le sang ? Plusieurs indices indiquent en effet que la violence du 5 juillet déborde le cadre classique d'une émeute ou d'un pillage à grande échelle, prémédités ou non. Certes, les bandes armées ne sont pas sous l'emprise de produits stupéfiants – comme ce fut le cas lors des massacres perpétrés à Philippeville en 1955 – pourtant, de nombreux témoins parlent d'un état d'excitation proche de la transe chez les émeutiers, en particulier chez les femmes. Dans son reportage pour *Paris Match*, Serge Lentz note une « hystérie collective[58] ». Dès le début de la matinée, un témoin, Henri Dennery, comme beaucoup d'autres Européens, observe « des femmes, déjà excitées, [qui] dansent frénétiquement en s'accompagnant de leurs tambourins[59] ». Dans les premiers rangs des manifestants, des femmes crachent, vocifèrent, menacent les colonnes d'otages. Certaines participent activement aux meurtres, avec une cruauté inouïe. Deux jours après les émeutes, le père de Laparre note que « les Mauresques avaient des couteaux ; ça s'est déclenché si vite ! On en a vu éventrer des femmes dans les magasins, leur arracher les yeux et leur couper les seins[60] ». Le témoignage de la jeune femme musulmane présente au Petit-Lac, retrouvé par Jean Monneret dans les archives du CICR à Genève[61] va jusqu'à évoquer des femmes, en proie à une sorte d'hystérie, qui se livrent à des actes de barbarie confinant parfois à l'anthropophagie. Il y a là trop d'indices concordants pour qu'on soupçonne les rescapés d'affabulations.

Tous les éléments factuels qui constituent cet épisode appellent nécessairement une réflexion historique ou journalistique. Il reste que l'analyse anthropologique est utile pour comprendre non seulement les raisons concrètes de la tuerie, mais aussi le mécanisme d'emballement qui pousse la violence, en quelques heures, à un degré rarement atteint tout au long de la guerre d'Algérie. Et surtout pour évaluer l'ampleur du traumatisme subi par les rescapés et les familles des victimes.

Chapitre 4

L'ARME À LA BRETELLE

« Si les gens s'entre-massacrent, ce sera l'affaire des nouvelles autorités ».

Charles de Gaulle,
au Conseil des ministres du 24 mai 1962.

On pourrait considérer que le drame du 5 juillet n'est qu'un terrible épisode de la guerre d'Algérie parmi d'autres. Un soubresaut aussi tragique qu'inévitable à la fin du conflit. Pourtant, il comporte une spécificité fondamentale : la passivité des forces françaises disposées sur place. En effet, pendant qu'Oran est sillonné par des bandes armées, pendant que les rues résonnent de coups de feu et de cris, 18 000 soldats français – relevant de l'autorité du général Katz – attendent, l'arme à la bretelle, consignés dans leurs casernes. L'ordre d'intervenir leur est donné très longtemps après le déclenchement de la tuerie. Cette passivité délibérée rend donc le 5 juillet irréductible aux massacres qui jalonnent l'histoire du conflit.

La France menottée

Moins de quatre mois après la signature des accords d'Évian, l'Algérie devient un État souverain. Les dispositions prises sont censées garantir la sécurité des populations, en dépit de la rapidité de la transition. Sur le terrain, chacun sait que leur application sera difficile, d'autant plus que l'état-major général de Boumediene en conteste la validité dès leur signature. De plus, le Conseil national de la révolution algérienne (CNRA), réuni à Tripoli du 27 mai au 7 juin, les considère comme « une plate-forme néo-colonialiste et [une] entrave à la Révolution ». À Paris, on veut pourtant croire que ce texte, contesté par la frange la plus puissante du FLN – qui contrôle l'ALN extérieure ainsi que plusieurs régions d'Algérie, dont l'Oranie – peut être appliqué de manière satisfaisante.

Dès l'entrée en vigueur du cessez-le-feu, au mois de mars, est mise en place une force de l'ordre transitoire, destinée à devenir le noyau de la future armée algérienne. Théoriquement ouverte aux Européens, elle comprend en fait une très large majorité de musulmans. Son organisation et son entraînement sont assurés par des cadres, principalement français. Du 19 mars au 3 juillet 1962, la force locale – dont la structure et les missions ne cessent d'évoluer – participe au maintien de l'ordre en Algérie, notamment à la lutte contre l'OAS. Pour les forces de l'ordre françaises, au cours de cette même période, la mission perd peu à peu en clarté. Après des années de lutte contre le FLN, il faut soudainement composer avec le GPRA. Le combat contre l'OAS devient une mission prioritaire pour les forces françaises qui savent que les jours de leur présence sur le sol algérien sont désormais comptés.

Après la proclamation des résultats du référendum du 1er juillet, la mission devient quasi incompréhensible. L'Algérie est devenue un pays étranger où toute initiative militaire française peut s'interpréter comme une violation de souveraineté. Ce scénario catastrophe, personne à Paris ne souhaite le voir survenir : certains ne veulent pas que la coopération entre la France et l'Algérie, prévue par les accords d'Évian, soit tuée dans l'œuf ; d'autres ne veulent plus entendre parler de l'Algérie. Les propos qu'Alain Peyrefitte prête au général de Gaulle lors du Conseil des ministres du 24 mai 1962 sont instructifs : « La France ne doit plus avoir de responsabilité dans le maintien de l'ordre après l'autodétermination. Elle aura le devoir d'assister les autorités algériennes. Mais ce sera de l'assistance technique. Si les gens s'entre-massacrent, ce sera l'affaire des nouvelles autorités[1]. »

Une série de dispositions et de directives prises par les autorités françaises prouvent qu'elles anticipent les risques de débordements consécutifs à l'Indépendance. Mais ce sont les mesures envisagées, ou plutôt leur absence, qui posent un problème. Le 21 juin 1962, le Conseil des affaires algériennes, qui réunit les plus hauts responsables du dossier sous la présidence du général de Gaulle, se penche sur la question. Pierre Messmer, ministre des Armées, propose que, après l'Indépendance, les forces françaises stationnées en Algérie soient autorisées à intervenir dans deux cas précis : soit à la demande du gouvernement algérien qui devra pour cela solliciter l'ambassadeur ; soit « à l'initiative des forces françaises, pour vérifier un renseignement, rétablir notre liberté d'action ou faire cesser des menaces graves contre nos nationaux[2] ». Mais le général de Gaulle s'oppose à cette deuxième clause, dite de l'« intervention d'initiative ». Une instruction de l'état-major interarmées est alors diffusée le 23 juin pour restreindre le champ d'intervention des forces françaises en Algérie à partir de l'Indépendance.

Pourtant, le général Michel Fourquet, commandant supérieur des forces en Algérie, compagnon de la Libération et ancien membre de l'état-major particulier du général de Gaulle, se dégage des directives de l'Élysée. Avant la réunion du Conseil des affaires algériennes du 21 juin, il avait déjà rédigé plusieurs notes pour permettre les interventions d'initiative des forces françaises. « En cas de légitime défense, ou pour porter assistance à des personnes en danger, les secours sont apportés d'initiative et sur-le-champ par les personnes ou petits groupes de militaires se trouvant sur les lieux ou à proximité, conformément à l'article 63 du Code pénal[3]. Si pour porter secours il faut engager une unité, l'ordre ou l'autorisation du commandant du corps d'armée sont nécessaires », écrit-il. Le 27 juin, alors que les orientations du général de Gaulle sont claires, il diffuse pourtant une nouvelle instruction destinée à encadrer l'intervention éventuelle des militaires français après l'Indépendance. Trois scénarios d'évacuation sont préparés en cas de menace contre les ressortissants français[4]. Selon le niveau de gravité, les plans de protection « Bouvreuil », d'intervention « Vautour » et de repli « Goéland », doivent guider l'action des forces de l'ordre et protéger les Européens[5].

Joseph Katz

Cette instruction, le général Katz en a forcément connaissance. C'est lui qui commande le corps d'armée d'Oran le 5 juillet 1962, après avoir commandé le secteur autonome jusqu'au 15 juin. Cet officier est arrivé en février 1962 pour prendre le commandement du secteur d'Oran à la demande du général Le Puloch, chef d'état-major de l'armée de terre. L'homme est connu pour son légalisme à toute épreuve. En mai 1958, fraîchement promu général de brigade, il refuse que les officiers qu'il commande dans le secteur de Ghardaïa rejoignent les comités de salut public. Une décision qui lui vaut d'être sanctionné, estimera-t-il, et d'être affecté en métropole[6]. Au printemps 1961, alors qu'il commande le groupement de subdivisions de Perpignan, il prend publiquement position contre les artisans du putsch d'Alger, à une époque où, en leur for intérieur, bien des officiers supérieurs ou généraux ne désapprouvent pas la démarche de leurs camarades insurgés, même s'ils font le choix de demeurer dans la légalité. C'est donc un général à la réputation d'inflexibilité qui arrive à Oran en hiver 1961-1962.

Joseph Katz est un personnage complexe, au parcours peu commun. Né en janvier 1907 à Paris, c'est un enfant de l'Assistance publique, trouvé sans acte de naissance. Élevé par des paysans de l'Allier, il a été domestique de ferme à l'âge de 13 ans, puis ouvrier en bâtiment. Il entre dans le rang en 1927 au 153e régiment d'infanterie comme soldat de deuxième classe, puis gravit les échelons un à un. Son passage par l'école de Saint-Maixent en 1931 lui permet de devenir officier. Lorsque la guerre éclate en 1939, il est lieutenant au 104e régiment d'infanterie et combat sur le front de la Somme où il est blessé. Sous l'occupation, il s'engage dans la résistance au sein des FFI de l'Allier et obtient les galons de chef de bataillon à la Libération. Jusqu'au début de la guerre d'Algérie qui voit son retour sur le théâtre d'opérations, il enchaîne les commandements dans les états-majors métropolitains, coupés par un stage à l'École supérieure de guerre en 1948 qui accélère sa carrière. Ce destin atypique est une clé importante pour comprendre la personnalité de Joseph Katz. Contrairement à de nombreux officiers de sa génération, il ne sort d'aucune « écurie ». Ni de celle de la France libre, ni de celle de l'armée d'Afrique. Certes, il a combattu au sein de la 1re armée du général de Lattre, mais après l'« amalgame[7] ». Affecté en métropole, il n'a pas connu les combats d'Indochine. Ces états de service seraient précieux pour faire briller son étoile dans l'armée française, mais il ne peut s'en prévaloir. Il doit passer par d'autres voies.

Le commandant Jean Pouget, ancien de la Résistance et de Diên Biên Phu qui sert sous ses ordres au Commandement opérationnel du Sud algérien (COSA), relatant son premier contact avec le colonel Katz qui vient de prendre ses fonctions à l'été 1956, lui prête les propos suivants : « Je vous dis tout de suite que je ne connais rien à cette guerre. Mais alors rien du tout, affirma-t-il sans la moindre ironie apparente. J'ai fait la guerre de 1940. J'ai même été blessé. Prisonnier comme tout le monde, je me suis évadé. Mais je n'ai pas fait l'Indochine, j'ai fait l'École de guerre. [...] Engagé à dix-neuf ans par devancement d'appel, non par idéal. J'étais manœuvre dans le bâtiment et complètement illettré. Oui, je suis un enfant trouvé, évadé de l'Assistance publique à quatorze ans. J'ai appris à lire et à écrire dans l'armée. Vous comprenez, quand j'ai commencé ma carrière, je n'avais aucune relation politique pour me pousser. » Jean Pouget analyse : « Katz faisait de la franchise transparente un art pour séduire, manœuvrer sa proie et cacher sa pensée. [...] Sa lourdeur d'ours brun cachait une subtilité de jésuite et une ambition féroce[8]. »

En acceptant son affectation à Oran, comme le lui ont conseillé ses amis Edmond Michelet et Serge Groussard, le général Katz endosse une mission d'une grande complexité. Certains de ses détracteurs disent qu'il n'a rejoint son commandement qu'en échange d'une troisième étoile, qui lui sera effectivement conférée le 1er avril 1962. Son expérience du maintien de l'ordre – impliquant notamment un travail étroit avec les structures policières civiles dans un environnement urbain – est limitée, et ses états de service en Algérie ne le prédisposent pas à commander dans un environnement aussi confus que celui d'Oran. Le général Katz s'en étonne lui-même dans ses souvenirs : « Pourquoi cette offre si imprévue alors que je n'ai pu obtenir jusque-là le commandement auquel je pouvais prétendre ? Pourquoi ne fait-on pas appel au général Massu, alors divisionnaire, ou à Bigeard qui, j'en suis sûr, était parfaitement capable de tenir le poste qui m'était offert[9] ? » L'homme n'a même pas la réputation d'être gaulliste, comme de nombreux officiers supérieurs et généraux substitués aux hommes de 1958 en Algérie, pour occuper les commandements clés à partir de 1960 et mettre en œuvre la politique algérienne du chef de l'État. Le général Ailleret, alors commandant supérieur interarmées en Algérie, le recommande cependant pour Oran[10]. En haut lieu, on se dit que le général Katz ira jusqu'au bout de sa mission.

Le dispositif français à Oran

Lorsque le général Katz prend ses fonctions en février 1962, la violence à Oran atteint un sommet. L'OAS multiplie les attentats, tandis que le FLN intensifie les opérations terroristes. Dès son arrivée dans la ville, le général Katz dresse l'état de ses moyens, en coordination avec le préfet, Pierre Denizot. La confusion règne. Depuis que les pouvoirs civil et militaire sont de nouveau séparés[11], c'est au préfet de police qu'incombe la responsabilité de la sécurité et du calme dans la ville. Mais, faute de moyens, il n'a d'autre choix que de faire appel à l'armée, et donc de recourir au général Katz. Jean-Pierre Chevènement le confirme sans ambiguïté : « Le vrai patron de la ville était le général Katz[12]. » Pour assurer sa mission, le général peut s'appuyer sur 6 000 hommes effectivement formés au maintien de l'ordre : gendarmes mobiles, compagnies républicaines de sécurité et policiers du corps urbain. Des moyens beaucoup trop faibles, décrète le général Katz, qui les estime en outre peu sûrs, soit en raison de la sympathie affichée par certains pour le combat de l'OAS, soit au contraire pour leur proximité avec la cause du FLN, manifeste au sein des effectifs musulmans du corps urbain. Sur ces 6 000 hommes, 3 000 seulement sont fiables, estime le général[13].

Le dispositif militaire établi sur le secteur comprend des unités de l'armée de terre, de l'air et de la marine.

Avec ses presque 18 000 hommes, il est plus étoffé, mais sa spécialité n'est pas le maintien de l'ordre. On compte plusieurs régiments d'infanterie et d'infanterie de marine, des zouaves, des cuirassiers, des chasseurs portés, des unités d'artillerie. S'y ajoutent les forces aériennes de la Senia et les unités de l'aéronavale établies à Mers el-Kebir, qui ne relèvent pas de l'autorité directe du général Katz mais sont appelées à agir en coordination étroite avec le dispositif terrestre. Comme les forces de l'ordre, ces éléments suscitent les réserves du nouveau commandant du secteur. De nombreux hommes, cadres ou non, sont des Européens d'Oran, susceptibles eux aussi d'apporter une aide à l'OAS sous forme de renseignements, de sabotages ou de livraisons d'armes. Par ailleurs, les unités déployées comprennent de nombreux appelés du contingent, peu formés à l'extrême difficulté de la mission. « Il aurait fallu les parachutistes de la bataille d'Alger, mais ceux-ci n'étaient plus sous les drapeaux et ce qu'il en restait […] ne semblait plus assez sûr pour une telle mission[14]. »

Le général Katz s'emploie donc à réorganiser le dispositif général pour combattre les membres de l'OAS et ceux du FLN qui agissent dans les quartiers musulmans ainsi qu'à la périphérie des quartiers européens. Les patrouilles sont systématiquement renforcées, des barrages établis sur tous les axes stratégiques, les véhicules inspectés, les immeubles fouillés. Les unités de l'armée sont mêlées aux forces de l'ordre traditionnelles pour dissuader l'OAS de les attaquer : en effet, la mort de militaires, appelés du contingent ou engagés, serait désastreuse pour l'organisation qui compte faire basculer dans son camp les régiments stationnés dans la région.

La stratégie de la répression

Après le cessez-le-feu du 19 mars 1962, la situation change : le FLN prend le contrôle des quartiers musulmans. Désormais, le général Katz n'a plus qu'une seule cible : l'OAS, qu'il travaille à réduire par tous les moyens. Les mesures qu'il prend transforment Oran en champ de bataille rangée entre les activistes et les forces de l'ordre françaises, prenant en tenaille une population civile certes hostile à l'indépendance, mais pas nécessairement complice des attentats. Les forces de l'ordre, insensibles à ces nuances, usent de méthodes qui leur attirent l'hostilité, sinon la haine, de la population européenne dans sa grande majorité.

Le père de Laparre en témoigne à de nombreuses reprises dans son journal, par exemple à la date du 26 mai : « Rares sont les gens qui n'ont pas eu d'histoire avec les gendarmes. Chacun, plus ou moins, a reçu des coups, est resté une demi-journée un bras accroché par une menotte au plafond d'un camion, a gardé quelques heures un canon de revolver enfoncé dans le cou, ou encore a eu son magasin saccagé au cours d'une fouille nocturne, ou son domicile pendant une fouille diurne, ou a été détenu un ou plusieurs jours, etc. [15]. » Cette prise en main plus que vigoureuse apporte-t-elle au moins les résultats escomptés ? Le bilan est mitigé. « Loin d'être efficaces, ces mesures attisent l'exaspération des Européens qui multiplient concerts de casseroles et manifestations à la nuit tombée[16]. » Marie-Claude Teuma, la fille de Paul Teuma disparu sur la route de la Senia le 5 juillet, se souvient encore de l'exaspération provoquée par les interventions des gendarmes mobiles. « [Ils] bouclaient des quartiers entiers et perquisitionnaient les appartements un à un. Le nôtre a été fouillé aussi. Tous les placards ouverts. [...] Depuis son balcon, ma mère leur a jeté les décorations que son père avait rapportées de la guerre de 14-18[17]. »

L'OAS exploite ces opérations pour en faire un élément central de sa propagande. Sur les tracts et sur les ondes, les forces de l'ordre sont quotidiennement dénoncées par les responsables de l'action psychologique. Le 30 mars, cinq jours après l'arrestation du général Jouhaud, du lieutenant de vaisseau Guillaume et du commandant Camelin, une émission pirate de l'OAS illustre bien l'état d'esprit qui règne alors à Oran : « Ce n'est sûrement pas grâce à de Gaulle que les Oranais n'ont point connu les agissements de la Gestapo allemande, par contre, c'est bien par lui qu'ils connaissent maintenant la Gestapo gaulliste. Les fouilles, les perquisitions, les provocations, les insultes, les vols, les pillages, les brutalités, les assassinats se succèdent maintenant chaque jour... et les sacrilèges même... les gendarmes mobiles ont brisé le Christ dans certaines demeures... Il est vrai que leurs alliés fellaghas ont profané des églises... Nul n'est à l'abri de la furie panique qui s'est emparée du général Katz et de ses hommes de main », s'exclame le speaker clandestin[18].

Des méthodes contestées

Les attaques récurrentes menées par l'organisation à Oran, en particulier contre les forces de l'ordre ou les bâtiments administratifs, sans cesse plastiqués ou mitraillés, ont de quoi émousser la patience du plus placide des officiers. Les agressions subies par les CRS et gendarmes – baptisés « gardes rouges » – allant de l'insulte et du quolibet jusqu'à l'assassinat, n'inclinent pas ceux qui en sont l'objet à la compréhension. Néanmoins, tel est l'enjeu de la mission confiée au général Katz : conserver un sang-froid total pour éviter l'escalade de la violence. Dans ce climat, les tirs exécutés à basse altitude le 25 mars par des bombardiers B-26 au-dessus des artères oranaises exacerbent le ressentiment des Européens d'Oran. Les affirmations du général Katz assurant qu'il n'avait ordonné que des tirs de sommation, aussitôt contestées par les Européens et l'OAS, attisent la fureur. Plusieurs témoignages font état de méthodes radicales, comme, en avril, l'utilisation de mitrailleuses lourdes – les fameuses « 12.7 » – qui, des terrasses des immeubles du quartier de la préfecture, arrosent les secteurs réputés sous le contrôle de l'OAS[19]. Les baignoires des appartements deviennent des refuges habituels pour les résidents mitraillés. On parle aussi de tortures pratiquées dans les officines « barbouzardes », de remise de prisonniers de l'OAS aux chefs locaux du FLN, de la présence massive de repris de justice dans les rangs des « gardes rouges »...

Les méthodes du général Katz suscitent des questions jusqu'aux plus hautes sphères de l'État. Le 5 mai 1962, Marc Lauriol, député d'Alger, interpelle Pierre Messmer à l'Assemblée nationale. Le *Journal officiel* rend compte de cette question orale : « M. Lauriol expose à M. le ministre des Armées qu'aux termes d'une information parue dans la presse ce matin, une dépêche d'Algérie Presse Service fait état d'une déclaration du général commandant en chef à Oran à un membre de l'exécutif provisoire ainsi conçue : "Donnez-moi un bataillon de l'ALN et je réduirai l'OAS à Oran." Il lui demande : 1° si cette déclaration est exacte ; 2° dans l'affirmative : a) comment il concilie une telle proposition avec la clause des accords de cessez-le feu [...] ; b) quelles sanctions il envisage à l'égard d'une collusion que la morale condamne autant que la politique[20]. »

Entre le général Katz et la population d'Oran, le fossé est infranchissable. En témoignent les surnoms qu'on lui applique, comme le « boucher d'Oran ». Le plus répandu est celui de « Gauleiter ». Les responsables de l'action psychologique de l'OAS – ignorant (ou non) les origines de leur ennemi – utilisent la consonance germanique de son patronyme pour lui prêter un passé de serviteur de l'Allemagne nazie. Des photomontages grossiers le représentent vêtu de l'uniforme SS. L'ancien FFI n'apprécie guère[21]. Alors que s'approche le référendum du 1er juillet, la haine est à son comble contre celui qui est considéré comme l'allié objectif du FLN : l'abattre devient l'objectif n° 1 des commandos de l'OAS.

Le 14 juin, le général Ginestet tombe sous les balles qui lui sont destinées[22]. *Ipso facto*, le général Katz lui succède à la tête du corps d'armée d'Oran et de la région territoriale. Il n'est pas interdit de penser que le sort des Européens d'Oran aurait été différent si le général Ginestet avait survécu et supervisé le dispositif français le 5 juillet.

Des casernes closes

Ce jour-là, l'Algérie est indépendante. Les forces françaises – CRS, gendarmes et militaires – sont présentes au cœur de la ville, et non dans des bases périphériques. Établies dans des bâtiments publics, des casernes, des lycées, elles peuvent intervenir très rapidement. Les témoignages s'accordent pourtant tous sur la même réalité : les troupes restent consignées, alors que les assassinats et les enlèvements atteignent leur paroxysme. Jean-Marie Avila, qui se trouve ce jour-là à son domicile de la rue de Mostaganem, dans le quartier du plateau Saint-Michel, est catégorique : « Pendant toute la durée de ces folies, je peux témoigner qu'aucun militaire ni gendarme mobile n'étaient présents dans le quartier[23]. » Les forces françaises ne se sont pourtant pas volatilisées. Au plus fort de l'émeute, plusieurs victimes disent avoir croisé des militaires français… assistant passivement aux exactions. José Margery, alors âgé de 32 ans, travaille à l'hôtel des Finances. Il est stupéfait de « constater la passivité des deux militaires armés qui gardaient l'entrée de l'hôtel Martinez[24] », non loin de l'endroit où le patron des lieux, Fernand Martinez, est assassiné[25]. Le récit de Christian Juan, qui vient de finir son service militaire et prend son premier poste à Oran, confirme l'absence de réaction des unités françaises. Capturé avec un camarade à bord de sa voiture, il est escorté vers une destination inconnue. Comme il remonte la rue de la Révolution, connue aussi sous le nom de rue des Juifs, il passe devant l'école Saint-André où sont stationnés des soldats français, près du camp Saint-Philippe. « Je vois des troufions penchés aux fenêtres : ils contemplent le spectacle de la fusillade, mais ils n'ont pas l'air de vouloir venir[26]. » Les témoignages des soldats déployés à Oran ce jour-là sont encore trop rares. Un appelé du contingent, Daniel C., cantonné avec son unité au lycée Ardaillon, prend plusieurs photos de la journée. On y voit des soldats français observant sans réagir les rues, de la terrasse de l'immeuble où sont disposés quelques sacs de sable et une antenne radio. Au pied du bâtiment, des civils semblent courir tandis qu'au loin, débouchant d'une avenue, une foule dense se dirige vers les lieux. « Les équipes de l'ALN [...] ont investi le quartier européen, éliminant tout ce qui n'était pas musulman, avec une très grande sauvagerie. Nos officiers et sous-officiers ont eu bien du mal à nous contenir, et aucun ne nous a dit qu'il exécutait les ordres de bon cœur[27]. »

Après avoir manqué d'être abattu puis s'être caché un long moment dans l'immeuble des « Dragages » de la place Lyautey, Sydney Zemor se dirige vers le lycée Lamoricière, là même où des civils en armes avaient abattu plusieurs pieds-noirs à bout portant, vers 13 h 30. Il entre dans le lycée vers 15 h 45 et gagne la cour intérieure où plusieurs dizaines d'Européens ont réussi à trouver refuge au milieu de militaires français[28]. « J'ai voulu sortir de la cour intérieure pour aller dans la cour extérieure, raconte-t-il. Mais les soldats m'ont dit : “Non, ne vous laissez pas voir parce que s'il y a une patrouille du FLN qui passe devant et qui vous tire dessus, nous n'avons pas le droit de riposter. Ici dans le lycée vous êtes sous notre protection, mais si vous êtes devant la porte et que l'on vous tire dessus, nous ne pouvons rien faire”[29]. » Comme Sydney Zemor et ses compagnons ont soif sous le soleil de juillet, les soldats consentent à leur vendre de la bière tiède et des sandwiches.

D'autres témoignages rapportent des cas de collusion entre les rares forces françaises présentes dans la rue et les agitateurs. Paul Werner, à Oran ce jour-là, rapporte qu'il a vu des Européens terrorisés se faire repousser à coups de crosse alors qu'ils tentaient de monter dans un camion militaire français[30]. Christian Juan, après avoir réussi à échapper aux ravisseurs qui l'avaient enfermé, repasse devant l'école Saint-André où des ATO ont mis en batterie des mitrailleuses avec lesquelles ils tirent sur les immeubles européens. « Comble de l'infamie, cela se déroulait [...] sous le nez d'un capitaine de l'armée française [...], son béret rouge sur la tête, vêtu de la tenue kaki clair d'été, chemise à manches courtes et ses trois galons de capitaine étincelants sur ses épaules. Debout, les bras croisés, pratiquement au milieu des tireurs, il contemplait le spectacle sans lever le petit doigt[31]. » Ces récits, rédigés longtemps après les faits, peuvent comporter des inexactitudes ou des incohérences. Mais les documents officiels consultés par les historiens confirment la longue passivité des forces françaises, consignées dans leurs cantonnements. L'abandon des victimes du 5 juillet n'a pas existé dans la seule imagination des Oranais.

Le général Maurice Faivre a retrouvé dans les archives militaires de Vincennes le journal de marche et opérations (JMO) du secteur, rédigé à la main par les officiers de permanence. Le 5 juillet, la garde est assurée par le commandant Gaillard, appuyé du sous-lieutenant Angladette et du chef Le Guiban. Trois annotations retiennent particulièrement l'attention. À 12 h 15, un message très explicite est diffusé aux sous-secteurs d'Oran :

« *Primo.* Rappelle consigne rigoureuse des troupes. *Secundo.* Troupes restent consignées. S'il est attenté à la vie des Européens, prendre contact avec le secteur avant d'agir. » Ce n'est qu'à 14 h 20 que l'on se décide enfin à bouger : « Mettre en place EGM [escadrons de gendarmerie mobile] square Garbé, palais de justice, place Karguentah, Cercle militaire, poste centrale, place Sébastopol. Mission principale : protection des Européens en toutes circonstances. » Mais ce déploiement, qui va permettre de mettre fin aux violences en centre-ville – ce qui ne surviendra pas immédiatement – demeure parcimonieux. Dès 15 h 30, les blindés de la gendarmerie mobile reçoivent l'ordre de regagner leurs casernes[32].

La version du général Katz

D'où viennent ces ordres et pourquoi sont-ils donnés si tardivement ? Pourquoi les interventions « d'initiative » ne sont-elles pas systématiques, comme les notes du général Fourquet l'autorisent pourtant[33] ? D'après le général Katz, qui ne consacre que sept pages au déroulement de cette journée sur les trois cent quarante-quatre pages du livre qu'il a écrit sur son commandement oranais, « ce drame ne dura guère plus d'un quart d'heure[34] ». Le déroulement des événements, selon le commandant du corps d'armée d'Oran, est d'une grande simplicité. Excitée par des coups de feu meurtriers tirés vers midi par des Européens, sans doute un commando de l'OAS, la foule – à laquelle se joignent soldats de l'ALN et ATO – réplique de manière désordonnée et violente. À midi et quart, Si Bakhti vient voir le général Katz pour lui demander le concours des forces locales, qui lui est accordé sans difficulté particulière. À midi et demi, le chef du corps d'armée d'Oran survole la ville en hélicoptère : tout est redevenu calme grâce à l'intervention des forces françaises. Ce récit, publié dans ses mémoires[35], correspond en tous points au rapport qu'il avait rédigé le 12 juillet 1962, une semaine après les faits.

Comment ne pas s'étonner de l'écart entre cette version et les dizaines de témoignages et pièces d'archives exposés précédemment ? Rien ne correspond. Le JMO du secteur, rédigé au moment des faits, est une référence catégorique pour évaluer le récit du général Katz. Au moment précis – midi et quart – où il écrit avoir donné l'ordre d'intervenir après son entrevue avec Si Bakhti, l'officier de permanence note dans le JMO la teneur du message qu'il vient de recevoir et le « rappel de la consigne rigoureuse des troupes[36] ». Comment peut-il affirmer par ailleurs que le calme est revenu dans la ville à midi et demi, quand tous les témoins racontent que la chasse à l'homme se déchaîne à ce moment-là ? Le JMO le confirme : l'ordre de se déployer a été donné deux heures plus tard, ce qui – en outre – ne garantit pas pour autant l'arrêt immédiat des fusillades et enlèvements.

Tout le récit du général Katz est émaillé d'invraisemblances. Ainsi prétend-il qu'il ne peut obtenir aucune information immédiate, toutes les lignes de téléphone étant coupées. Pourquoi, dès lors, ne pas utiliser les radios militaires dont – on peut le supposer – sont équipées les forces de l'ordre ? Surtout, plusieurs témoignages indiquent que le « black-out » téléphonique n'était pas absolu. Celui du commandant Pierre Tanant, chef du service social des armées, en poste à Oran ce jour-là, est sans ambiguïté. Aux premières loges au moment où les balles se mettent à siffler, il réagit : « Je bondis sur le téléphone dont quelques lignes ont été rétablies depuis l'explosion qui a détruit le central. Je réussis à joindre le chef d'état-major du corps d'armée qui, à Château-Neuf, ne sait rien encore. Il me répond que le général est parti [...][37]. » L'état des lignes téléphoniques n'est pas un détail puisqu'il s'agit d'un des principaux arguments utilisés par le chef du corps d'armée d'Oran pour justifier l'inactivité des troupes. Autre élément contestable : le général Katz estime que « l'intervention immédiate de [ses] unités a sûrement évité la mort de plusieurs dizaines d'Européens et le pillage de beaucoup d'appartements[38] », ou encore que « plusieurs milliers de civils se sont réfugiés dans les casernements pour ne pas être pris dans les manifestations[39] ». Le rappel de la consigne et les témoignages unanimes infirment fortement ce *satisfecit*.

Deux heures énigmatiques

Tandis que la violence fait rage, le général Katz déjeune à la base aérienne de la Senia[40]. Que s'est-il passé pendant ces deux heures de pause ? Entre le rappel de la consigne aux troupes cantonnées à Oran et le premier ordre d'intervention donné aux escadrons de gendarmerie mobile ? Qu'a-t-il attendu pour donner le feu vert ? Pourquoi a-t-il fait rappeler la consigne aux troupes ?

Les mois de répression contre l'OAS, les tentatives d'assassinat contre sa personne, les nombreuses victimes qu'il compta parmi ses hommes pourraient expliquer pourquoi le général Katz observa avec une certaine indifférence le spectacle des Européens traqués. S'il avait appliqué la directive du général Fourquet du 27 juin, il aurait pu sauver de nombreuses vies européennes et musulmanes. Son refus de la mettre à exécution trouve peut-être sa source dans son hostilité profonde contre les pieds-noirs d'Oran. Mais si tel était son état d'esprit, pourquoi a-t-il rédigé lui aussi une note d'orientation explicite, diffusée le 20 juin 1962[41] auprès de tous les chefs de corps, prévoyant des interventions d'initiative et la protection des Européens en cas de menace directe et grave ? N'a-t-il pas pris la mesure du drame ?

Autre hypothèse : ces deux longues heures auraient servi au général Katz à clarifier la possibilité et les modalités de son intervention. Entre les directives du général Fourquet et les consignes de l'Élysée, la marge de manœuvre était imprécise, brouillée encore par la confusion de la situation. Mais avec qui le chef des forces françaises à Oran a-t-il pu s'entretenir ? Directement avec les autorités du FLN, Si Bakhti en tête, ou avec Souiyah Houari, le préfet algérien d'Oran ? Avec le général Fourquet ? Avec Pierre Messmer, son ministre de tutelle ? Avec le général de Gaulle lui-même ? C'est ce que laisse entendre Robert Fourcade, ingénieur des ponts et chaussées et lieutenant-colonel honoraire, qui rencontre le général Katz trente ans après les faits, en juillet 1992, à l'occasion d'un déjeuner à Barcelone lors des jeux Olympiques : « J'ai eu l'occasion de lui demander s'il était parent avec le "boucher d'Oran" ; il m'a répondu qu'en effet, on l'appelait ainsi. [...] Le 5 juillet, il avait personnellement téléphoné au général de Gaulle pour l'informer des troubles et des assassinats se perpétrant dans la ville d'Oran. De Gaulle lui aurait alors répondu textuellement : Surtout ne bougez pas[42] ! » Ce récit ne figure pas dans les mémoires du général Katz. Il n'a jamais été recoupé.

Ce que fait le chef du corps d'armée d'Oran au cours de ces heures demeure donc une des principales inconnues de la journée. Un mystère dont souffrent les rescapés depuis cinquante ans et dont on ignore encore ce qu'il peut couvrir : les errements du commandement local ou des responsabilités plus hautes. S'il n'a jamais livré la clé de ce drame, le général Katz a néanmoins identifié des responsables – façon paradoxale d'en admettre le caractère terrible. « La principale, l'essentielle [raison] a été la légèreté et l'insuffisance des responsables du gouvernement français : le Ministre chargé de l'affaire algérienne [*sic*], le haut-commissaire à Alger et le commandant interarmées[43]. » Quels comptes règle-t-il ainsi avec Louis Joxe, Christian Fouchet – dont le poste a été supprimé le 4 juillet – et le général Michel Fourquet ? Et derrière cette amertume, ces querelles d'attribution, comment ne pas songer aux responsabilités suprêmes, et donc à celle du général de Gaulle et au commentaire qu'il glisse à Alain Peyrefitte : « Si les gens s'entre-massacrent, ce sera l'affaire des nouvelles autorités[44]. » L'ambassadeur André François-Poncet lui-même, qui préside alors la commission permanente de la Croix-Rouge internationale, imputera plus tard la responsabilité finale du massacre d'Oran au chef de l'État[45].

Rabah Khelif le juste

Ceux qui sauvent l'honneur, ce jour-là, sont rares. Le lieutenant Rabah Khelif en fait partie. Par-delà la noblesse de son geste, son aventure donne une information sur la lourde responsabilité du général Katz. Né en 1933, il s'était engagé dans l'armée française en 1951. Affecté en Indochine, il fait partie des combattants de Diên Biên Phu où il est blessé. Prisonnier six mois dans des conditions terribles, il est libéré par la Croix-Rouge et rapatrié en Algérie où il reprend du service. Le 5 juillet 1962, il commande la 4e compagnie du 30e bataillon de chasseurs portés, devenue 403e unité de force locale (UFL), une de ces formations transitoires sur lesquelles l'Exécutif provisoire avait autorité, en coordination avec le commandement français. Musulman, il n'est pas un harki rattaché à une unité supplétive, mais un officier de l'armée française « à part entière ». À ce titre, il refuse de se mettre aux ordres du commandement FLN et s'en tient à sa mission de maintien de l'ordre dans le secteur de Sanchidrian, comme il l'écrira plus tard au général Maurice Faivre[46].

Rabah Khelif a confié son témoignage à Mohand Hamoumou : « Le 5 juillet 1962, des renseignements alarmants me parviennent de la ville d'Oran, me disant qu'on est en train de ramasser les pieds-noirs, les musulmans francophiles. Et c'était effectif. On les embarquait dans des camions, on les emmenait vers ce qu'on appelait "les petits lacs" [sic] qui se trouvaient entre Oran et l'aéroport, et là on les fusillait comme faisaient les SS, puis on les jetait dans le petit lac [...]. Je demande donc des ordres à mon chef de bataillon [...]. L'adjoint au commandant me dit : "Mon garçon, tu connais les ordres, le général Katz a dit de ne pas bouger [...]". Je téléphone à mes camarades commandants de compagnies, tous européens, je leur explique ce que j'ai appris, ils me disent avoir les mêmes renseignements, mais qu'ils ne peuvent pas bouger vu les ordres [...]. Moi je ne peux pas, ma conscience me l'interdit. Je téléphone à l'échelon supérieur, au colonel commandant le secteur. Je tombe sur son adjoint et lui explique mon cas, il me répond : "Écoutez, mon garçon, nous avons les mêmes renseignements que vous, c'est affreux, faites selon votre conscience, quant à moi je ne vous ai rien dit." En clair, je n'étais pas couvert[47]. » Récit accablant. L'inertie est totale. Tous les officiers interrogés par le jeune lieutenant s'abritent derrière les ordres stricts du général Katz[48].

Rabah Khelif prend le parti d'enfreindre les consignes, regroupe ses hommes, les embarque dans les quelques camions qu'il a à sa disposition et fonce en direction du centre-ville d'Oran. À la préfecture, il découvre des Européens par centaines, regroupés en colonnes, encadrés par des soldats de l'ALN. Le lieutenant interpelle alors le préfet et lui intime l'ordre de les libérer. Le préfet s'exécute. Les blessés réunis et évacués, Rabah Khelif s'occupe d'envoyer des patrouilles pour sécuriser les axes routiers, où sévissent des bandes criminelles échappant au contrôle du FLN. À plusieurs reprises, il intervient en personne à bord de sa jeep, accompagné de son chauffeur et de son garde du corps, pour sortir les victimes des mains de leurs ravisseurs et pour les conduire hors de danger. « J'ai fait cela en ayant le sentiment de ne faire que mon devoir[49] », estimera-t-il ensuite. Son comportement lui vaudra une lettre de félicitations du colonel Nicolas, commandant le sous-secteur est d'Oran et le 67e régiment d'infanterie : « Calme, énergique, et discipliné, a fait preuve des plus belles qualités de chef et d'homme en s'exposant personnellement au cours d'une manifestation, le 5 juillet, pour sauver plusieurs Européens dont la vie était menacée. A été molesté en transportant plusieurs blessés en lieu sûr, mais, gardant un remarquable sang-froid, a contribué à rétablir le calme sans effusion de sang[50]. »

Ils ont sauvé l'honneur

La spectaculaire intervention du lieutenant Khelif, au mépris de la consigne, n'est pas la seule de la journée. Çà et là, des civils pourchassés sont sauvés *in extremis* par des hommes courageux qui s'affranchissent des ordres de la hiérarchie. L'un d'eux est le capitaine Croguenec, qui commande une compagnie du 2e régiment de zouaves cantonnée au lycée Jules-Ferry, à quelques centaines de mètres du commissariat central où les Européens sont parqués et peut-être assassinés. Les observateurs qu'il a postés sur le toit voient des colonnes de gens, mains sur la tête, conduites sans ménagement vers le commissariat central. À 13 h 20, alors que le gros de la colonne est passé, il décide d'ouvrir ses portes aux deux journalistes de *Paris Match*, Serge Lentz et Jean-Pierre Biot, conduits eux aussi au commissariat central par des ATO qui les avaient pris à partie. Le capitaine Croguenec, après avoir enfreint une première fois les ordres en intervenant à proximité immédiate du cantonnement, ne peut se résoudre à demeurer les bras croisés, sans secourir les personnes parquées au commissariat et dont il ignore le sort. Profitant d'un semblant d'accalmie, accompagné d'un sous-officier nommé Brenugat, il sort du lycée et se rend sur les lieux, en jeep, sans arme pour ne pas exciter la colère des foules. « Je rentre délibérément par la grande porte, raconte-t-il, les sentinelles FLN me semblent très nerveuses mais ne bronchent pas. Je découvre dans le grand hall une foule de Français terrorisés, muets, dont la grande inquiétude se lit sur les visages. [...] Je dis à peu près ceci : “Les accords d'Évian donnent à l'armée française le droit et le devoir de protéger ses ressortissants (je n'ai jamais vérifié si cela pouvait être vrai). Veuillez rejoindre ma jeep à l'extérieur et la suivre s'il vous plaît.” Je n'attends pas de réponse, je me dirige vers la porte, l'ouvre à double battant. Toutes les personnes présentes sortent, je ne quitte les lieux que lorsqu'il ne reste plus que les soldats arabes et leur chef. Tous ces pauvres gens ont été accueillis dans ma caserne[51]. » Au total, près de quatre cents personnes auraient été ainsi sauvées par les deux hommes. Après avoir été mises provisoirement en sécurité dans des casernes, ce n'est qu'en toute fin d'après-midi qu'elles sont reconduites chez elles en camion militaire.

Plusieurs autres exemples d'intervention sont signalés. Peu après 13 heures, la 3e compagnie du 8e régiment d'infanterie de marine ouvre le feu en périphérie de la gare, où des civils algériens armés viennent – dit-on – cueillir au saut du train les pieds-noirs qui arrivent du bled et s'apprêtent à quitter l'Algérie. L'affrontement est violent. Le JMO du régiment – qui invoque la légitime défense pour justifier son intervention – mentionne des tirs répétés et des jets de grenades[52]. Autre cas d'intervention en dépit de la consigne : des fusiliers marins interviennent au tribunal où une vingtaine d'Européens sont encerclés par des individus menaçants. Selon le juge Jean-Henri Fourcade, qui fait partie des rescapés, c'est l'amiral Barthélemy, commandant la base de Mers el-Kebir, qui aurait imposé l'intervention de ses fusiliers au général Katz au terme d'un affrontement orageux[53]. Près de l'opéra d'Oran, ce sont des unités des 2e et 4e régiments de zouaves qui tirent sur les émeutiers postés dans le périmètre de l'hôtel de ville. On pourrait aussi évoquer la 3e compagnie du 5e régiment d'infanterie dont les half-tracks mettent en fuite des assassins qui venaient d'abattre sommairement des Européens devant le lycée Lamoricière[54]. Passée l'émeute, des militaires qui ont obéi à la consigne s'effondrent. André Amadeuf, ayant quitté sa cachette au garage Peugeot, retourne à son hôtel. « Un sous-officier du 28e train est décomposé. Il tremble de rage, de désespoir et d'impuissance. Il a vu devant sa caserne, à quelques pas des sentinelles de notre armée, des civils français qui ont été lynchés et même dépecés par une foule en délire[55]. »

Dans ses mémoires, le général Katz s'attribue le mérite de ces rares interventions qui sont justement autant de violations de ses ordres. Les quelques officiers, sous-officiers et soldats qui ce jour-là refusent la discipline sauvent l'honneur. Quelques dizaines de soldats sur les 18 000 cantonnés à Oran.

Chapitre 5

MORTS SANS SÉPULTURE

> « Pour la France, à part quelques enlèvements, les choses se passent à peu près convenablement. »
>
> Charles de Gaulle,
> au Conseil des ministres du 18 juillet 1962.

Au soir du 5 juillet, un calme apparent revient sur Oran. Ceux qui ont échappé aux ravisseurs, à la faveur du couvre-feu et de l'intervention tardive des forces françaises, rentrent chez eux ou se réfugient chez des proches, si possible hors de la ville, du côté de Bouisseville, Aïn-El-Türck ou des Andalouses. Certains, à bout de nerfs, se précipitent vers les zones de départ, les ports d'Oran et de Mers el-Kebir, ou l'aéroport de la Senia, sans le moindre bagage[1], au risque d'être interceptés par les bandes qui agissent encore dans les secteurs périphériques. Dans les quartiers musulmans, du côté du Petit-Lac, de Victor-Hugo ou de Ville-Nouvelle, des Européens arrêtés dans la journée sont encore détenus, s'ils n'ont pas déjà été abattus. Mais pour les rescapés, le pire semble passé quand la nuit tombe. Dans la pénombre, le moindre bruit suspect déclenche la panique. Nombreux sont ceux qui dorment tout habillés, prêts à fuir à la première alerte.

Des rescapés en sursis

Au matin[2], une atmosphère nouvelle règne dans les rues d'Oran. Une odeur écœurante flotte toujours dans les rues de la ville. À celle des poubelles amoncelées sur les trottoirs, éventrées par les rats, s'ajoute celle des morts qui n'ont pas été ramassés et dont la chaleur accélère la décomposition. Elle mettra plusieurs jours à se dissiper complètement. André Garcia, qui s'était réfugié à Aïn-El-Türck le 5 juillet, voit encore plusieurs corps dans la rue le lendemain, dont celui d'Attik Youssef, un inspecteur de police kabyle qu'il connaissait[3]. D'autres morts gisent dans des recoins inaccessibles, puits, cages d'escaliers, fosses improvisées.

Les rescapés se confinent dans leurs logements. Jacques Benhaïm, parti à la recherche de son père Paul – un miraculé du commissariat central – le retrouve à Eckmühl, « prostré sur une chaise, pleurant, et n'ayant pas dormi de la nuit[4] ». Dans les rues des quartiers européens, dont les soldats du FLN et les ATO contrôlent l'accès, les gendarmes mobiles français refont leur apparition, à la suite d'un accord signé le matin par le préfet Souiyah Houari et le général Katz[5]. L'heure n'est pas aux effusions mais, pour la première fois depuis des mois, les pieds-noirs d'Oran accueillent sans hostilité leurs ennemis d'hier : les fameux « gardes rouges ». La priorité des familles est d'assurer le ravitaillement. En quelques heures, les secteurs européens sont devenus un vaste no man's land aux magasins vides. Christine Fernandez, une jeune femme rescapée du commissariat central, en témoigne : « Il fallait se débrouiller avec les provisions, les conserves, car les magasins d'alimentation avait fermé depuis plusieurs jours[6]. » Dans cet état de pénurie, la rumeur d'une soudaine épidémie de rage vient ajouter à l'angoisse des habitants[7].

Dans de telles conditions, la carence de l'administration française est criante. Jean Herly, qui prend les fonctions de consul général de France adjoint à Oran le 10 juillet, en fait le constat dans son premier rapport envoyé le 14 juillet à l'ambassadeur Jeanneney : « Depuis le 5 juillet, la vie administrative est presque arrêtée : le personnel européen déserte entièrement la préfecture, les postes et télécommunications entrent en grève à la suite de l'enlèvement du directeur adjoint ; la crise économique s'est accentuée : chaînes devant les boulangeries, difficultés de ravitaillement[8]. » En concertation avec l'amiral Barthélemy, le consul Herly tente quelques jours plus tard de faire revenir à Oran près de deux cents commerçants réfugiés sur la base de Mers el-Kebir[9]. De même, les rares Algériens qui travaillent encore dans les quartiers européens ne sont pas venus ce jour-là par crainte des représailles, ce qui ne fait que désorganiser un peu plus la vie quotidienne. Quelques camions circulent, diffusant par haut-parleur des messages destinés à rassurer la population, sans y parvenir. Les forces de l'ordre françaises qui ont pris position dans les quartiers européens sont démunies face aux besoins des civils. On se précipite vers les organisations caritatives, submergées, pour tenter de récupérer un billet de départ. Dans son patronage, le père de Laparre et ses équipes tentent de remédier à tant de détresse : « Tout le quartier défile maintenant en pleurant, pour avoir encore des places. Je n'en ai plus. Un papa qui a une femme de vingt ans et trois bébés se jette sur moi avec des cris en m'embrassant les mains. Il est espagnol et il a été avant-hier durement bastonné », écrit-il dans son journal à la date du 7 juillet[10]. L'insécurité demeure. Des bandes continuent d'opérer dans différents quartiers d'Oran et de semer la terreur. À moins grande échelle que la veille, les enlèvements continuent, en particulier le long des axes de circulation qui rayonnent à partir d'Oran. Au cours de la seule journée du 6 juillet, vingt-neuf pieds-noirs sont enlevés[11]. Jamais l'alternative du FLN, « la valise ou le cercueil », n'a semblé si concrète. Pour l'immense majorité des Européens d'Oran, il n'y a plus qu'une seule issue : l'exil.

L'adieu à Oran

Dès le 6 juillet, les foules prennent en masse le chemin du départ. Pierre Laffont en témoigne : « Les quais, l'aéroport revoient les mêmes foules qu'en juin. On ne peut concevoir de vivre dans un pays où de telles journées pourraient se reproduire. Quel père de famille pourrait raisonner autrement[12] ? » Le lendemain matin 7 juillet, moins de trente-six heures après le drame, l'inquiétude monte d'un cran dans les quartiers qui n'avaient pas encore été évacués. Une certaine fébrilité se perçoit dans les mouvements des forces de l'ordre françaises qui ne diffusent plus de messages rassurants, mais se contentent de patrouilles furtives dans les rues, par escouades de trois ou quatre véhicules. À une Européenne encore présente dans son appartement du quartier de Maraval, un officier qui commande un de ces convois explique : « Nous ne pouvons plus assurer votre sécurité, [...] nous devons effectuer une nouvelle rotation dans une heure à une heure et demie, tenez-vous prêts, nous vous emmènerons[13]. » Les dernières illusions se dissipent. Les hésitants finissent par se décider à rejoindre le flux des futurs rapatriés, qui se considèrent plutôt comme des expatriés.

Alors que les accords d'Évian prévoyaient sinon le maintien des Européens en terre d'Algérie, du moins un départ volontaire, progressif et encadré, la réalité s'impose, très différente. Le texte, signé le 18 mars 1962, prévoyait une période transitoire de trois ans au cours de laquelle les citoyens français pourraient choisir leur nationalité en toute liberté, tout en voyant leurs droits, leurs propriétés et leur sécurité garantis. Et si au bout de ces trois ans ils décidaient de conserver leur citoyenneté française, un statut d'étranger « privilégié » devait leur être assuré[14]. Au lendemain du 5 juillet, ces accords semblent déjà nuls et non avenus pour les Européens d'Oran. Les autorités consulaires sont écartelées entre l'urgence humanitaire et la politique de Paris, qui souhaite maintenir une présence française substantielle en Algérie. Organiser le départ accéléré des Européens sitôt proclamée l'indépendance de l'Algérie reviendrait à admettre l'échec des accords d'Évian. Et donc l'incapacité de la République à les imposer.

Rares sont ceux qui avaient préparé leur départ en expédiant leurs biens en métropole par containers ou en les sécurisant provisoirement dans des garde-meubles. L'heure n'est plus à la planification, mais à la précipitation. Dans les appartements d'Oran, les familles remplissent au plus vite les valises avec un peu de linge, des papiers, quelques souvenirs. Les plus audacieux roulent en boule leurs matelas, ou tentent de ficeler comme ils peuvent un réfrigérateur ou une lessiveuse, avant de monter dans les camions bâchés des forces françaises. De telles scènes ne sont pas sans rappeler l'exode de 1940. Pour les conjoints des disparus, la situation est encore plus difficile. À leur angoisse s'ajoutent des complications matérielles presque insurmontables, en particulier pour les femmes qui ne disposent pas, dans la plupart des cas, d'une procuration leur permettant d'accéder au compte bancaire familial, et donc de retirer de l'argent pour vivre et financer leur départ vers la France.

Des zones entières se retrouvent vidées, comme le quartier juif – qui a fourni de très nombreuses victimes aux bandes du 5 juillet – ou bientôt, ceux d'Eckmühl ou de Choupot. Les logements évacués sont investis par des Algériens trop heureux de s'installer dans les meubles des pieds-noirs, quitte à les mettre dehors *manu militari* si nécessaire[15]. Les soldats de l'ALN ne manquent pas de s'attribuer une part du butin. Maurice Carr, un journaliste venu faire un reportage sur les premiers jours de l'Indépendance à Oran, voit dans les quartiers désertés des hommes en uniforme déballer avec empressement de la lingerie féminine extraite de valises volées[16].

Sur les quais engorgés

Les familles doivent trouver une solution pour quitter le chaudron oranais dans les meilleurs délais. Certaines, évacuées par les forces de l'ordre françaises, sont regroupées dans des camps de transit improvisés où rien n'a été prévu pour les loger ni les nourrir. On y partage le « singe » et le « jus » de la troupe – le corned-beef et le café –, bien fades comparés aux saveurs méditerranéennes que cuisinent à merveille les femmes d'Oran. Ceux qui ont choisi d'évacuer la ville par leurs propres moyens s'amassent devant les agences d'Air France ou les bureaux des compagnies aériennes, dans l'espoir d'acheter une place disponible. Aucun moyen supplémentaire n'est prévu par les autorités pour gérer l'engorgement. Pour compliquer les choses, de nombreux agents des compagnies de transport n'ont pas rejoint leurs postes après les émeutes. « L'organisation des départs était remise à l'initiative des compagnies qui souffraient d'une grave crise de personnel : Air France tournait avec 15 % de ses effectifs et la compagnie maritime Ch. Ambrosino n'avait plus que huit agents sur cent cinquante[17] », précise le consul général adjoint. En métropole, les dockers CGT de Marseille perturbent gravement le trafic maritime entre la France et l'Algérie et ralentissent l'acheminement des réfugiés.

Le port d'Oran est incapable d'absorber le flot des milliers de pieds-noirs qui s'y entassent dans l'attente de bateaux, entre autres ceux de la Compagnie de navigation mixte. L'information, lacunaire, donne lieu à toutes les hypothèses. Où est l'*El-Djezaïr* ? Que devient le *Kairouan* ? Le *Président-de-Cazalet* accostera-t-il comme prévu ? On attend aussi les secours de la Royale : la France va-t-elle se décider à envoyer le porte-avions *Clemenceau* – mis à l'eau en novembre 1961 – ou même le vieux *La Fayette,* vétéran de la guerre du Pacifique cédé par les États-Unis en 1951 ? Pendant deux, trois, jusqu'à douze jours, des familles entières – vieillards et nourrissons compris – guettent l'arrivée d'un navire providentiel dans des conditions très éprouvantes : le ravitaillement est minimal, les possibilités de couchage inexistantes ou presque, et la chaleur, amplifiée par les tôles des hangars immenses, étouffante. L'eau potable devient rare et l'hygiène est déplorable. Les files d'attente s'allongent interminablement devant les quelques cabinets à la turque en état de fonctionner. Une femme incommodée demande à des CRS la permission d'accéder à leurs w-c. Refus. Alors elle relève sa jupe et se soulage, provocatrice, devant les hommes interloqués[18]. Dans l'incertitude générale, on s'organise pour un temps indéfini. « Les gens se sont groupés, par familles et par villages. Ils se sont fait des guitounes, pour se protéger du soleil, avec les tonneaux, caisses, cadres et bagages de toutes sortes, amoncelés pêle-mêle sur les quais. Ils ont accroché des couvertures et s'entassent tous dessous[19]. » De jeunes Oranais luttent contre la démoralisation en grattant quelques notes de musique sur leurs guitares sèches, des vieillards désespérés passent des heures entières le visage enfoui dans leurs mains. Le 14 juillet, le consul Herly rend compte de la situation à Jean-Marcel Jeanneney : « Le cercle vicieux suivant existe : si on fait venir de gros bateaux, ils ponctionneront complètement la ville. Si l'on n'en fait pas venir, l'Oranais aura le sentiment (qu'il a déjà) d'être dans une souricière. Moyen terme proposé : éponger ceux qui sont parqués au port, faire un planning des bateaux et s'y tenir[20]. »

Le souci diplomatique d'appliquer les directives de Paris et de préserver les accords d'Évian cède devant les contraintes du réel. Au compte-gouttes, les bateaux commencent à arriver, loin de répondre aux exigences de la situation. Le *Ville-d'Oran* et le *Président-de-Cazalet* finissent par accoster, suivi du *Kairouan,* qui rallie Oran à Port-Vendres en dix-neuf heures. Des paquebots de croisière, comme le magnifique *Phocée*, se déroutent vers Oran. À Mers el-Kebir, l'amiral Barthélemy prend la situation à bras-le-corps, en coordination avec l'ambassadeur de France Jean-Marcel Jeanneney, venu visiter Oran le 15 juillet[21]. Il achemine vers sa base des milliers de pieds-noirs pour les mettre sous protection, puis les embarquer sur les porte-avions. Le *Clemenceau* n'est pas autorisé à venir à leur secours. Le *La Fayette*, en revanche, devenu une véritable ville flottante, entame une série de rotations avec la métropole à partir du 17 juillet, avec près de deux mille personnes à chaque passage[22]. La Royale met aussi à disposition des réfugiés des embarcations plus inattendues comme le *Blavet*, un bâtiment de débarquement de chars (BDC), qui rejoint Toulon partant de Mers el-Kebir le 12 juillet au matin, avec deux cent treize civils à son bord[23]. Certains, nombreux, se dirigent vers la France par leurs propres moyens, à bord de chalutiers ou de bateaux de plaisance. Sur les paquebots les plus imposants comme sur les embarcations les plus frêles, la détresse se répand au fur et à mesure que s'estompe la silhouette de Santa Cruz. À la fin du mois de juillet, on estime qu'il ne reste plus qu'entre quarante et cinquante mille Européens à Oran, cependant que les départs gardent un rythme d'environ quatre mille par semaine[24]. À Port-Vendres, le port français le plus proche d'Oran, pullulent les bateaux immatriculés « OR », à la recherche d'un mouillage temporaire. Ceux qui veulent rester au plus près de l'Algérie s'installent à Alicante, en Espagne : trente mille personnes, surtout des Oranais, s'y seraient réfugiés de manière provisoire ou définitive[25]. En France ou ailleurs, pour les pieds-noirs d'Oran, tout est à reconstruire. Dans un rapport que Jean-Marcel Jeanneney envoie à Louis Joxe le 29 octobre 1962, il note qu'il ne reste plus que 20 000 Européens à Oran, contre 295 000 en juin[26]. L'hémorragie n'a pas été enrayée.

Le FLN mène la répression

Au lendemain du 5 juillet, le pouvoir civil algérien tente de s'organiser à Oran. Un préfet de police, Ayad Bouabdelli, est nommé auprès de Souiyah Houari afin d'assurer le maintien de l'ordre[27]. À l'échelle de l'organisation politique, Si Bakhti demeure le représentant du FLN sur place, en lien permanent avec Si Othmane. Les nouveaux tenants du pouvoir s'installent dans les bâtiments qui accueillaient naguère l'administration française. L'une des mesures les plus significatives prises par les maîtres d'Oran est le rétablissement du ramassage des ordures ménagères. Mais l'objectif prioritaire est de stabiliser la situation à Oran. Pour cela, ils peuvent compter sur l'appui des 7 000 soldats des katibas de l'ALN extérieure arrivés en ville dans la nuit du 6 au 7 juillet[28], à la grande contrariété de Ben Khedda et en violation flagrante des accords d'Évian. Le clan Boumediene-Ben Bella ne perd pas de temps pour pousser ses pions à Oran.

Sous la houlette d'Ayad Bouabdelli et de Si Bakhti, de nombreuses mesures répressives sont adoptées pour éradiquer les bandes criminelles agissant dans les quartiers périphériques, accusées d'avoir déclenché la chasse à l'homme du 5 juillet[29]. Dès le 7 juillet, le préfet de police commence à reprendre en main les ATO, qu'il renvoie en formation ou démet de leurs fonctions. Deux jours plus tard, le père de Laparre constate lui-même les effets de cette reprise en main : « La liste des condamnés et des chassés s'allonge. Le préfet de police musulman essaie bien de réagir. Il a suspendu deux cents ATO, en a fusillé quarante-cinq et a désarmé les autres[30]. » Le 10 juillet, Si Bakhti se livre à une démonstration de fermeté qui s'apparente à une opération de relations publiques. Toute la presse est convoquée par ses services à Pont-Albin pour s'y voir présenter cinquante-huit personnes – subordonnées à Mouedenne Attou – jugées coupables d'activités criminelles le 5 juillet. Leur chef aurait été abattu pendant le coup de filet. C'est assurément la peine capitale qui les attend, même si leur exécution n'a jamais été clairement attestée[31]. Au cours des journées suivantes, les autorités algériennes continuent de mettre tout leur zèle à éradiquer la criminalité à Oran. De nombreux voyous – des « blousons noirs » qui terrorisent les Européens restants – sont interpellés par les policiers et soldats algériens, et parfois exécutés.

La répression traduit la volonté des nouveaux maîtres d'imposer leur autorité et de démontrer leur capacité à assurer le maintien de l'ordre. L'objectif est aussi de calmer la terreur des Européens toujours vivace depuis le drame. Malgré leur opposition aux accords d'Évian et au maintien en Algérie d'une population européenne trop importante, les autorités civiles et politiques d'Oran savent que l'exode immédiat et massif des Européens serait désastreux au plan économique[32]. Mais il est trop tard pour s'en rendre compte, comme en témoignent les files de candidats au départ. La fragile confiance – qu'avait pu faire naître le Comité de réconciliation – est définitivement rompue et l'exil des pieds-noirs inexorable. Les accords d'Évian et l'esprit du Comité de réconciliation n'ont plus cours. « En quelques semaines de vastes régions de ce pays sont devenues totalement algériennes, comme elles pouvaient l'être au temps d'Abdel-Kader », note Jean-Marcel Jeanneney dans un courrier qu'il envoie au ministre chargé des Affaires algériennes le 27 août 1962.

Ben Bella, le nouvel homme fort

Cette problématique demeure secondaire pour l'ALN extérieure, mobilisée par le conflit qui l'oppose au GPRA de Ben Khedda. Le 11 juillet, Ahmed Ben Bella fait une entrée triomphale à Tlemcen, en Oranie, ville distante de moins de trente kilomètres de Marnia où il est né. Accompagné de Si Othmane et de Mohamed Khider, il parcourt les rues de la ville protégé de la foule par un cordon de soldats de l'ALN. À Alger, les autorités prennent acte de cette marche en avant qui s'apparente à un défi, incapables de lui faire obstacle. Profitant de cette absence de résistance, Ben Bella décide d'aller à Oran dès le lendemain. Jean-Marcel Jeanneney, qui avait prévu de se rendre dans la ville ce même jour, reporte son déplacement pour éviter de rencontrer l'un des symboles de la rébellion algérienne, mais aussi pour ne pas froisser ses interlocuteurs de l'Exécutif provisoire[33]. Ben

Bella, qui arbore un foulard vert et blanc, pénètre à Oran sous les applaudissements. Un arc de triomphe est improvisé avec quelques planches de bois. Jean Herly et le général Katz se présentent à la préfecture devant le leader algérien, toujours accompagné de Si Othmane. Le général Katz souriant, détendu, serre la main de Ben Bella et lui transmet les amitiés de son ami Edmond Michelet, garde des Sceaux du général de Gaulle, dont l'indulgence à l'égard du FLN était connue[34]. Puis il donne l'accolade à Si Othmane – avec lequel il partage ensuite un verre d'orangeade – et lui glisse cette phrase énigmatique : « Il y a si longtemps que nous vous attendions[35]. » Ces mots ont de quoi alimenter durablement les soupçons de collusion entre le pouvoir français et l'ALN extérieure. Cette scène, qui laisse le consul Jean Herly interdit[36], provoque le 4 août une question écrite du député André Marie à Pierre Messmer, ministre des Armées, lui demandant de justifier une telle initiative[37]. À la préfecture, Ahmed Ben Bella prononce devant les autorités un discours dans lequel il dénonce « les soubresauts de certains nervis » et « les éléments d'origine algérienne qui ont créé une situation que nous déplorons tous »[38]. Il se rend ensuite au stade d'Oran. Autour de lui, prennent place Ahmed Francis, Mohamed Khider, Ahmed Boumendjel et Yacef Saadi. Devant la foule algérienne à laquelle, pour être repris par les médias internationaux, il s'adresse en français, il évoque de nouveau les « provocations que certains nervis se plaisent à entretenir[39] » et affirme que les Européens ont leur place en Algérie. Ce langage de fermeté, il le maintient dans l'interview qu'il donne quelques jours plus tard au journaliste Guy Sitbon : « Après des provocations, il y a eu les terribles événements du 5 juillet à Oran. Je ne fais pas seulement que déplorer ces crimes, je les condamne. Nous avons procédé à une enquête. Les coupables seront châtiés de manière exemplaire. Nous ferons tout pour que cela soit à jamais évité[40]. » Ben Bella est-il un pompier pyromane, se félicitant de mettre fin à une crise qu'il avait lui-même attisée ? Quoi qu'il en soit, sa posture de fermeté ne rassure pas les Européens. Les départs se poursuivent.

Disparitions : l'inertie du général Katz

Pendant que les pieds-noirs prennent le chemin de l'exode et que les benbellistes font d'Oran un camp de base dans leur stratégie de conquête de l'Algérie, les proches des disparus réclament de leurs nouvelles, mais personne n'est en mesure de les aider. Les autorités algériennes sont inaccessibles, les officiels français débordés, l'éphémère Comité de réconciliation dépassé. Un bureau est créé pour recueillir les demandes et les avis de recherche. « D'heure en heure c'est une pile monstrueuse de dossiers qui ne cesse de monter ! Plus de cinq cents cas sont signalés. Mais combien d'autres restent inconnus : beaucoup en effet ont envoyé leur famille en France. Seuls maintenant, qui peut s'apercevoir de leur disparition[41] ? », note Claude Paillat.

Le général Katz, particulièrement prudent, se refuse à exercer une pression ferme sur les nouvelles autorités pour obtenir des informations sur les victimes, en particulier celles du Petit-Lac. Le chef des forces françaises à Oran écrit que les disparus sont des militants de l'OAS partis clandestinement d'Algérie. Autrement dit, il nie l'existence d'un charnier au Petit-Lac en dépit des renseignements précis recueillis par le deuxième bureau (renseignements) de son état-major dès le 7 juillet, et synthétisés dans une note du 12 juillet[42]. Témoignages directs, photographies aériennes, tout indique que de vastes fosses ont été fraîchement creusées. Le général Katz écrit cependant qu'il veut en avoir le cœur net : « J'ordonne une enquête poussée pour m'assurer qu'il n'y a pas de charniers. L'officier de gendarmerie qui en est chargé et qui a toute la confiance de l'ALN ne décèle rien. L'odeur n'est pas plus pestilentielle qu'ailleurs[43]. » L'investigation ordonnée par le général Katz consiste donc à envoyer un individu respirer l'air du Petit-Lac sous le contrôle étroit des autorités algériennes dont il est favorablement connu. Mais ce scénario avancé *a posteriori* par le général Katz semble à nouveau très éloigné de la réalité. En effet, au bas du rapport du 12 juillet retrouvé dans les archives du Service historique de la Défense, une note manuscrite signée de sa main indique : « Le groupement autonome d'Oran a tenté d'aller sur place vérifier l'information ; il en a été rigoureusement empêché par le capitaine Bakhti[44]. » L'enquête n'a donc jamais été conduite et les traces du massacre disparaîtront dans les travaux d'assainissement conduits ultérieurement.

Un militaire, à l'état-major d'Oran, refuse d'admettre la disparition des preuves et l'impunité des assassins. Le chef d'escadron Coadic, chef du deuxième bureau de l'état-major mixte de la préfecture de police d'Oran, est déterminé à faire la lumière. Il est persuadé que toutes les personnes enlevées n'ont pas été massacrées et qu'il demeure des survivants. Peu chez les victimes du 5 juillet, mais peut-être davantage parmi les personnes enlevées au cours des journées suivantes. Des fiches détaillées sont établies par ses soins, fondées sur des renseignements jugés fiables car plusieurs fois recoupés. Selon ses informateurs, des Européens seraient détenus dans plusieurs quartiers d'Oran – à l'école Langevin, à l'hôpital civil ou à la prison. D'autres auraient été transférés dans les régions d'Arzew, Aïn-Temouchent, Mostaganem et Sidi-Bel-Abbès[45]. Mais ces informations restent lettre morte, inexploitées.

Les initiatives diplomatiques

Sur le dossier des disparitions, les autorités diplomatiques, coordonnées sur place par le consul de France et l'ambassade, s'avèrent plus pugnaces que le général Katz, en dépit de moyens extrêmement limités. Dès son arrivée à Oran, Jean Herly est temporairement hébergé par le général Katz – barricadé dans son poste de commandement sous la protection de véhicules blindés –, qui lui laisse une impression mitigée. Il part ensuite s'installer dans l'ancienne direction des Travaux maritimes, square Cayla. Sa petite équipe – une quinzaine d'agents et quatre sous-lieutenants de réserve, dont Jean-Pierre Chevènement – manque de tout, même de crayons et de papier[46]. Outre l'ouverture de deux bureaux pour établir cartes d'identité et passeports, l'une des premières initiatives du consulat est de détruire à la grenade les fichiers contenant les identités de tous les harkis du secteur. Pendant que le général Katz s'emploie à ralentir, sinon à bloquer, les enquêtes sur les disparus du 5 juillet,

Jean Herly – que les Européens encore présents à Oran accueillent avec froideur – multiplie les démarches pour obtenir des éclaircissements de la part du nouveau pouvoir. C'est la mission principale confiée au sous-lieutenant Chevènement[47]. Le 23 juillet[48], il accompagne le consul Herly à Tlemcen pour rencontrer Ben Bella, entouré de Mohamed Khider, de Si Othmane et du commandant Boubekkeur. Ben Bella s'engage à faire libérer vingt Européens dans de brefs délais, preuve qu'il est tenu informé de leur sort et qu'il est en mesure d'agir. Quelques jours plus tard, seize personnes relâchées regagnent Oran. Jean Herly fait alors passer un message laconique à Ben Bella : « 20-16 = 4[49] ». Qu'en est-il des quatre détenus manquants ? Ben Bella, direct, répond qu'il les relâchera « dès qu'ils seront présentables », c'est-à-dire, évidemment, que les mauvais traitements ou les tortures sont systématisés. Jean-Pierre Chevènement – dont les chiffres diffèrent de ceux du consul – le confirme : « Dans la semaine, nous récupérâmes vingt-cinq malheureux "disparus", les seuls d'ailleurs qu'on ait jamais retrouvés. Je vérifiai, à cette occasion, que l'expression "avoir la tête au carré" n'était pas forcément un figure de rhétorique[50]. » Un dossier de préparation pour les entretiens franco-algériens du 30 novembre 1962, retrouvé dans les archives de Jean-Marcel Jeanneney, témoigne lui aussi que passages à tabac et tortures sont d'usage courant, au chapitre « Problèmes relatifs à la sécurité de nos compatriotes » : on y lit que la plupart des Européens, libérés à la suite d'un enlèvement, ont « souvent […] subi de graves sévices[51] ».

Si le 23 juillet le consul général adjoint Herly s'entretient sans détours avec Ben Bella, le compte rendu qu'il fait à la presse au soir de cette rencontre se veut plus diplomatique. « Je leur ai fait valoir combien serait apprécié du monde entier un geste de pardon envers ceux qui seraient relâchés et de charité envers ceux qui espèrent encore revoir les leurs vivants. D'autant plus que ces événements ont été parfaitement aveugles, frappant ainsi des familles innocentes[52] », déclare-t-il devant les journalistes. Aux questions sur l'exode des Européens, la réponse a de quoi surprendre : « C'est la période des vacances et, avec un temps de retard sur Alger, le retour de France des Oranais devrait se faire sentir dès la fin du mois d'août[53] », affirme-t-il. Toujours le souci diplomatique de ne pas amplifier la panique et de maintenir l'illusion des accords d'Évian. Ce langage ne manque pas de susciter de vives réactions. Le lendemain, à l'Assemblée nationale, le député indépendant Olivier Lefèvre d'Ormesson interpelle le Premier ministre Georges Pompidou et le ministre chargé des Affaires algériennes Louis Joxe au sujet des disparitions en Algérie, et il stigmatise au passage le « langage de vaincu » du consul Herly[54]. Cet homme, dont les archives attestent qu'il ne cesse d'informer l'ambassadeur Jeanneney au sujet des disparitions et de la détresse des pieds-noirs entassés sur les quais du port d'Oran – et d'agir en conséquence – ne mérite sans doute pas un tel procès[55].

Au cours des semaines qui suivent le 5 juillet, en particulier pendant l'été et l'automne 1962, les représentants de la diplomatie française interrogent sans répit les autorités algériennes sur le sort des disparus. Lorsque, fin juillet, il succède à Jean Herly au consulat d'Oran, Claude Chayet – ancien négociateur des accords d'Évian – revient sur la question dès sa prise de fonctions. « Mon premier souci a été d'intervenir auprès des préfets départemental et de police d'Oran, à propos des disparus, pour que la libération des personnes disparues puisse se faire dans les plus proches délais », déclare-t-il[56]. Or le plus souvent les demandes précises n'obtiennent aucune réponse du FLN, qui s'obstine à imputer les exactions à des éléments incontrôlés. Dans une lettre à caractère privé datée du 7 septembre 1962 à l'un de ses amis qui le questionne sur le sort d'une femme disparue, Jean-Marcel Jeanneney répond, désabusé : « Dans ces cas de disparitions, hélas fort nombreuses, les interventions de nos consuls restent le plus souvent sans résultat, les autorités auprès desquelles ils effectuent ces démarches étant la plupart du temps sans pouvoir sur les responsables des événements[57]. »

La France indifférente

Les défenseurs de la cause des disparus d'Oran sont cruellement seuls face aux dissimulations des nouvelles autorités algériennes, à l'inertie du commandement militaire français sur place et surtout à l'indifférence de Paris. Pourtant, certes tronquées et imparfaites, les nouvelles circulent. Dès l'après-midi du 5 juillet, jour même du massacre, le député Pierre de Bénouville, grande figure de la Résistance, a évoqué à l'Assemblée nationale « le sang [qui] coule à Oran[58] », preuve que l'information atteignait déjà les allées du pouvoir.

Mais le drame ne suscite pas la réaction qu'il pourrait justifier. Les événements ne sont pas évoqués, semble-t-il, lors du Comité des affaires algériennes, qui réunit le jour même les principaux responsables de la politique de la France en Algérie sous la présidence du général de Gaulle. Sans doute parce ce comité se tient au moment même où s'exerce la violence à Oran[59]. Mais le silence plane aussi sur la réunion suivante, qui se tient le 17 juillet[60]. Le général Fourquet évoque les camps d'internement dans lesquels des Français ont été repérés et demande s'il faut intervenir militairement. Le compte rendu du Conseil indiquera sans plus de détails que « la protection des populations européennes demeure [...] la mission principale des forces françaises[61] », sans préciser les moyens concrets de l'action. Le lendemain de cette réunion, au Conseil des ministres du 18 juillet, le général de Gaulle ne semble guère préoccupé par le problème. Au secrétaire d'État chargé de l'Information Alain Peyrefitte, il déclare : « Pour la France, à part quelques enlèvements, les choses se passent à peu près convenablement. » Et un peu plus tard : « S'il y avait eu des désordres graves, mais heureusement il n'y en a pas eu, on utiliserait les moyens qu'il faudrait[62]. » Ce jour-là, le chef de l'État est plutôt occupé par le souci de révoquer les fonctionnaires qui ont quitté l'Algérie sans recevoir d'ordre de mutation de leur administration, note Alain Peyrefitte.

Louis Joxe, ministre d'État chargé des Affaires algériennes, ne cache pas son aversion pour les pieds-noirs qu'il soupçonne de vouloir importer en métropole un fascisme à la française. Il préconise donc de les expédier en Argentine, au Brésil ou en Australie[63]. Pourtant, c'est l'un des rares à réagir aux informations qui lui parviennent sur les enlèvements, même si ses motivations semblent plus politiques qu'humanitaires. Le 20 juillet, il envoie à Jean-Marcel Jeanneney – qui œuvre avec les moyens du bord pour obtenir des mesures en faveur des victimes – un télégramme explicite, classé « très secret », dans lequel il presse l'ambassadeur d'avertir l'Exécutif provisoire algérien que « le gouvernement français ne pourra pas assister sans réagir aux disparitions de ses ressortissants ». Louis Joxe précise : « L'opinion ne comprendrait pas que, disposant encore de moyens considérables de protection militaire, le gouvernement restât passif[64]. » L'ambassadeur de France transmet le lendemain le message au président de l'Exécutif provisoire Abderahmane Farès, qui s'engage à le transmettre aux préfets algériens..., puis demande une nouvelle rallonge financière aux autorités françaises pour son budget qui se creuse à une vitesse vertigineuse[65].

Plusieurs mois plus tard, le 7 novembre, un nouveau télégramme de Louis Joxe à Jean-Marcel Jeanneney relance le problème : « Vous rappellerez derechef au gouvernement algérien que de tels abus sont contraires à sa propre dignité. C'est à lui de faire libérer nos compatriotes arbitrairement séquestrés [...]. Les démarches que vous ferez dans l'intérêt des Européens et des harkis revêtent pour nous une importance essentielle [...]. Dans les mois qui viennent, l'Algérie peut être amenée à faire appel, en dehors de la coopération technique, à notre secours autant qu'à notre concours. Nous ne saurions consentir d'efforts que notre opinion ne comprendrait pas, en faveur d'une Algérie qui dénierait aux Européens et aux harkis la justice la plus élémentaire[66]. » Mais ces propos restent sans effet sur les autorités algériennes – sans doute parce que les mesures de rétorsion évoquées ne sont jamais prises. La trésorerie algérienne continue d'être alimentée par les fonds français, même quand le jeune État dépasse les plafonds prévus par les accords. Quant à l'« opinion », que Louis Joxe semble soucieux de ménager, elle demeure parfaitement indifférente au sort des pieds-noirs d'Oran et des musulmans massacrés le 5 juillet.

Car, en ce début du mois de juillet, au cœur des Trente Glorieuses, la principale préoccupation des Français est d'organiser leurs vacances d'été. Le 7 juillet, *Paris Match*, pourtant l'un des rares médias à évoquer le drame, consacre sa une à la naissance de Denis Sagan, fils de l'auteur de *Bonjour tristesse*. Compte tenu des délais de bouclage, il n'était pas possible au magazine de couvrir le drame d'Oran. Seul un titre en manchette évoque le passage de l'Algérie à l'indépendance. La semaine suivante, le magazine choisit de placer le terrible reportage sur Oran de Serge Lentz et Jean-Pierre Biot en pages intérieures, et fait sa une sur Sue Lyon, la sulfureuse actrice de seize ans qui triomphe dans le *Lolita* de Stanley Kubrick projeté dans les salles françaises. Le sort des pieds-noirs d'Oran et de toute l'Algérie risquerait d'indisposer une France qui se lance dans la frénésie de la consommation. Pour les familles délaissées des disparus – dont beaucoup refusent de croire au décès de leurs proches –, l'indifférence et le manque d'informations ouvrent la porte aux supputations les plus diverses sur le sort possible des kidnappés, faute d'enquêtes officielles en haut lieu.

Des « vampires » à Oran

Très vite, circulent les théories les plus variées, supposant qu'ils n'ont pas tous été massacrés dans des centres d'exécution, comme au Petit-Lac. Celle des « vaches à sang » est l'une des plus effrayantes.

Dès les premiers enlèvements d'Européens en Algérie, à partir d'avril 1962, des témoignages disparates parlent d'un traitement particulier réservé à certaines victimes. Celles-ci, afin de pouvoir transfuser les blessés du FLN, seraient utilisées comme réserves de sang frais et ponctionnées massivement, même jusqu'à ce que mort s'ensuive. On cite le cas de plusieurs cadavres retrouvés totalement exsangues après avoir été « vampirisés » dans les dispensaires clandestins du FLN[67]. À Oran, avant même l'Indépendance, plusieurs lieux sont réputés servir de banques de sang clandestines, comme l'école Langevin en bordure du quartier de Ville-Nouvelle[68]. Le père de Laparre rapporte plusieurs informations concordantes. Le 22 avril, il indique que « le FLN a monté une clinique dans une banlieue, à Victor-Hugo. Pour se procurer du sang frais, il a établi des barrages sur les routes du quartier. Les automobilistes sont amenés à l'hôpital où un médecin français, sur une table d'opération, les saigne totalement. Puis on va déposer les cadavres sur la route[69] ». Certains rapports, repris par le quotidien britannique *Daily Express*, évoquent des dizaines de cadavres d'Européens saignés à blanc et pendus par le cou à des crocs de boucher à l'abattoir central de la ville ou dans plusieurs autres lieux[70]. Il est établi qu'à Oran en particulier, les structures sanitaires des quartiers contrôlés par le FLN manquent de sang pour les transfusions. La plupart des musulmans n'osent plus se rendre dans les hôpitaux des quartiers européens où l'on dit que les commandos de l'OAS se chargent d'éliminer les suspects de sympathie pour le FLN. Outre l'effet de terreur qu'il pouvait provoquer chez les Européens, le saignement à mort des personnes enlevées relèverait donc aussi d'un mobile purement logistique. On n'ose dire « médical ».

Néanmoins, pendant des années, faute de pouvoir vérifier ces témoignages ou de disposer de sources supplémentaires, l'hypothèse des « vaches à sang » est écartée des rares études sur les enlèvements d'Algérie. Depuis la fin des années 2000, de nouvelles pièces ont été ajoutées au dossier, jusqu'à la publication récente, par Jean-Jacques Jordi, de documents officiels retrouvés au Archives nationales, qui confirment cette pratique. Le 21 avril 1962, une patrouille de la gendarmerie d'Oran rédige ainsi un rapport révélant qu'il a été trouvé quatre cadavres d'Européens entièrement nus, « la peau collée aux os », et saignés à blanc par un procédé chirurgical. L'objectif est clair, selon les gendarmes : collecter du sang au profit des hôpitaux du FLN, notamment dans la cité Bel-Air de Sidi-Chami, à quelques kilomètres au sud-est d'Oran, où officieraient deux Européens[71].

Les ponctions de sang forcées concernent une période précise : entre les accords d'Évian et l'Indépendance. En l'état actuel des témoignages et des archives rendues publiques, rien n'infirme ou ne confirme qu'elles se pratiquent encore au-delà – en particulier à la suite des événements du 5 juillet –, et l'on peut supposer que les besoins en sang frais du FLN diminuent avec la fin des affrontements avec l'OAS et l'accès aux centres hospitaliers des quartiers naguère européens. Néanmoins, la force de ces rumeurs persuade de nombreuses familles de disparus du 5 juillet que leurs proches sont toujours en vie, gardés en réserve dans ces dispensaires.

D'autres scénarios dramatiques se propagent aussi. On parle de femmes européennes séquestrées dans les bordels de l'ALN[72], d'hommes de tous âges réduits en esclavage au fond des mines, ou de transferts à Cuba[73].

Les dernières familles encore présentes à Oran dans les semaines qui suivent le 5 juillet, y restent bien souvent dans la conviction que leurs disparus sont encore en vie, même dans les pires conditions. Le moindre indice ranime les espoirs, aussitôt déçus. « Mais quel est donc le criminel colporteur de ces incessantes et diaboliques nouvelles doublement "tuantes" pour les familles ? » s'interroge le père de Laparre qui rencontre quotidiennement des épouses, des enfants, des parents hébétés, se raccrochant aux plus infimes indices[74]. Certains, au contraire, finissent par souhaiter la mort de leurs proches. C'est le cas de Marie-Claude Teuma, hantée par le souvenir de son père disparu. « Pendant longtemps, je me suis demandé s'il vivait encore. Il y avait des rumeurs. On parlait de camps de concentration dans le Sud, de mines… C'est affreux de dire cela, mais je le redoutais. J'imaginais ses souffrances. Combien de fois j'ai espéré sa mort… Cela m'a poursuivie pendant des années… […] Ne rien savoir sur sa mort… C'est comme si j'étais amnésique. C'est affreux, c'est très douloureux », dit-elle aujourd'hui[75].

Ceux qui, sans céder au découragement, continuent les recherches sont parfois victimes de racket sans rien obtenir en échange. C'est le cas du Dr Guy Sola. Présent à Paris au moment du drame, il perd ce jour-là la trace de son père, Manuel, agriculteur à Prudon, qui devait embarquer sur un vol d'Air France à la Senia. Le 22 juillet, un certain Taïeb, policier à Tlemcen, contacte un cousin de Guy Sola et l'informe que Manuel Sola est toujours en vie, détenu dans la région d'Oujda. En novembre, Taïeb prend de nouveau contact avec la famille et lui réclame vingt mille nouveaux francs. La somme est réunie et virée sur un compte déposé dans une banque de Tlemcen. Guy Sola n'entendra plus jamais parler de Taïeb. Décidé à obtenir coûte que coûte des informations, il finit par retourner à Oran en novembre et, par le plus grand des hasards, découvre que le nom de son père figure sur un registre d'état civil déchiré, à la rubrique « décès », en date du 5 juillet. Cas exceptionnel, il obtient l'autorisation préfectorale de procéder à une exhumation au cimetière Tamashouet d'Oran, où il retrouve les restes de son père – dont le crâne porte la trace d'un impact de balle – au milieu d'autres cadavres non identifiés[76]. La Croix-Rouge, dans un rapport qu'elle adresse aux autorités françaises le 24 octobre 1963, décrit les difficultés rencontrées au cours de son enquête, dont les nombreuses fausses informations monnayées par des individus sans scrupules[77].

Morts et disparus : quel bilan ?

Le décompte des morts et disparus du 5 juillet et des journées suivantes déclenche toujours les réactions les plus vives. Soit de la part des familles des victimes qui les jugent sous-estimés, voire insultants, et les réfutent aussitôt. Soit de la part de certains qui dénoncent une inflation victimaire. Il est vrai que les différences sont considérables selon les bilans.

Le premier est établi le lendemain des événements par le Dr Mostefa Naït, membre du FLN, qui dirige l'hôpital civil d'Oran. Il annonce 101 morts – 76 Algériens et 25 Européens – d'après les corps retrouvés dans les morgues oranaises. Ce calcul est repris dans ses grandes lignes par la presse dans les jours qui suivent. *L'Écho d'Oran* donne un bilan de 29 morts européens dans son édition du 9 juillet, en additionnant les chiffres communiqués par l'hôpital civil, l'hôpital militaire Baudens et l'antenne chirurgicale de la rue de Tombouctou[78]. Dans son rapport du 12 juillet 1962, et trente ans plus tard dans ses mémoires, le général Katz reprend des chiffres comparables : plus de 20 morts chez les Européens, et autant de blessés[79]. Aujourd'hui, ce bilan « officiel » – qui ne tient compte que des corps relevés dans les morgues oranaises – est invalidé par de nombreuses études. Il continue pourtant d'être avancé régulièrement.

Des chiffres surestimés circulent également. En 1972, un jugement préparatoire d'absence, relatif à Éliane et Ernest Alvarez disparus le 5 juillet, évoque dans le *Journal officiel* les 2 000 morts du massacre d'Oran[80]. En octobre 2006, le député UMP de Loire-Atlantique Jean-Pierre Le Ridant interpelle Hamlaoui Mekachera, ministre délégué aux Anciens combattants, sur cet épisode, au cours duquel « plus de 3 000 personnes ont été assassinées[81] », ce que le ministre ne démentira pas dans sa réponse du 16 janvier 2007. Les plus excessifs évoquent 25 000 victimes[82]. Ces approximations sont dues à une confusion entre différents bilans. Confusion géographique : les disparus d'Algérie deviennent les disparus d'Oran. Confusion chronologique : les disparus du 5 juillet deviennent les disparus de toute la guerre d'Algérie. Confusion statutaire : les disparus militaires sont agrégés aux disparus civils.

De nombreuses associations se réfèrent à un bilan de plus de 3 000 morts, en s'appuyant sur un chiffre donné en novembre 1994 par André Santini[83], secrétaire d'État aux Rapatriés de 1986 à 1987. Il se fonde sur les statistiques présentées par Jean de Broglie le 7 mai 1963 devant l'Assemblée nationale. Or, dans son intervention, le secrétaire d'État aux Affaires algériennes estime à 3 080 « le nombre de personnes dont la disparition ou le meurtre, en Algérie, depuis le 19 mars 1962, ont été signalés au gouvernement français[84] ». Le chiffre sera réduit à 1 800 par le même Jean de Broglie, six mois plus tard, devant le Sénat[85]. Son estimation, en tout état de cause sujette à caution, concerne donc l'ensemble de l'Algérie sur une période beaucoup plus étendue. C'est pourtant ce bilan, qui dépasse de loin le seul drame d'Oran, que reprend André Santini et qui continue souvent de circuler. Plus récemment encore, on a vu apparaître de nouveaux chiffres. Le 6 juillet 2011, Jean-Marie Le Pen interpelle le Parlement européen pour que soient officiellement évoquées les conditions de la fin de la guerre d'Algérie. À cette occasion, le président du Front national mentionne les 7 000 Européens massacrés à Oran « sous les yeux d'une armée française qui [...] restait l'arme au pied conformément aux ordres exprès du gouvernement et de l'état-major français ».

L'incertitude qui règne sur le bilan de cette journée commence à se dissiper à partir des années 2000. Sollicité par le Groupe de recherche sur les Français disparus en Algérie (GRFDA), le Premier ministre Jean-Pierre Raffarin appuie en 2003 la demande d'ouverture des archives – dont celles du Quai d'Orsay. L'année suivante, le président de la Mission interministérielle aux rapatriés

(MIR) Marc Dubourdieu confie au président du Haut Conseil aux rapatriés (HCR) Alain Vauthier le soin de constituer une équipe de recherche dont la coordination est confiée au général Maurice Faivre. Le rapport, établi en novembre 2006 et remis à Dominique de Villepin, table sur 331 disparus pour les journées du 5 au 8 juillet 1962 à Oran[86], à partir des documents analysés au Quai d'Orsay. Cette estimation est proche de celle établie par Jean Monneret, qui a pu accéder aux archives militaires de Vincennes, pour qui 365 Européens ont disparu au cours de cette même séquence[87]. La dernière étude en date est celle de Jean-Jacques Jordi qui s'appuie sur des documents provenant des Archives nationales d'Outre-Mer d'Aix-en-Provence. L'historien a retrouvé une note de Jean-Marie Huille, conseiller technique pour les Affaires militaires de Jean de Broglie, qui estime à 671 le nombre des victimes européennes à Oran, tués et disparus. Ce résultat correspond à un autre décompte réalisé par l'historien dans les dossiers administratifs personnels du Service central des rapatriés, évaluant à 353 le nombre de disparus[88] et à 326 le nombre de morts dont les décès ont été constatés, soit 679 personnes[89]. Colette Ducos-Ader, dont le mari a été enlevé en 1962, est membre du GRFDA. « Infatigable veilleuse de la mémoire de “là-bas”[90] », elle travaille depuis des années à établir le décompte des disparus d'Algérie. Dans ses dernières conclusions, elle parvient à un chiffre de 456 disparitions pour les journées de juillet 1962 à Oran[91].

Il est donc plausible de s'arrêter sur un bilan avoisinant les 700 victimes européennes, dont plus de la moitié n'ont jamais été retrouvées et sont probablement décédées. Il s'agit de la journée la plus meurtrière pour les Européens d'Algérie, et peut-être de la journée la plus sanglante du conflit, toutes victimes confondues. Or ce massacre, commis sur le territoire de l'Algérie indépendante, sort *de facto* de l'histoire de France, et n'a non plus jamais intégré l'histoire de l'Algérie. Il a disparu dans un « trou noir » de l'histoire, en même temps que ses victimes et ses blessures.

Chapitre 6

LA MÉMOIRE À VIF

« Eh bien, ils souffriront… »

Charles de Gaulle, 1959[1].

Si la loi du silence qui s'impose jusqu'aux années 2000 est rompue par les travaux des historiens et l'ouverture progressive des archives, les familles des victimes du 5 juillet 1962 n'en continuent pas moins de se sentir rejetées de l'histoire officielle. « C'est un massacre sans nom », s'indigne l'historien Georges-Marc Benamou, dans l'un des premiers livres qui en traitent, destinés au grand public[2]. « Il n'existe pas. Il est absent des chronologies de la guerre d'Algérie qui, généralement, se terminent le 3 juillet 1962 avec la reconnaissance par la France de l'indépendance. Aucune cérémonie officielle ne lui est consacrée. » Les anciens d'Oran se considèrent, forcément, exclus de la mémoire nationale. « C'est terrible, mais quand on me demande ma nationalité, j'hésite parfois. Je ne suis plus de là-bas, mais je ne me sens pas vraiment d'ici. Je suis de quelque part au milieu de la Méditerranée », confie Marie-Claude Teuma[3]. Ses propos rappellent la déclaration que la veuve d'Albert

Camus, Francine, originaire d'Oran, fit lors du procès du général Jouhaud, moins de trois mois avant le massacre d'Oran : « Je suis née française en Algérie, je croyais que je mourrais française en Algérie, et je peux dire que mon désir le plus profond, toujours, a été que toutes les communautés d'Algérie jouissent, comme moi, de ce qui me paraissait vraiment comme un privilège – non pas comme un privilège matériel, je n'ai jamais rien possédé sur le sol algérien –, mais comme un privilège spirituel. Et, depuis le référendum de l'an dernier, où j'ai compris que la France, dans sa majorité, accepterait que l'Algérie se sépare de la France, je me sens divisée, à moitié Algérienne, à moitié Française et, au vrai, je me sens comme dépossédée de ces deux pays, dont je ne reconnais pas le visage, ni de l'un ni de l'autre, parce que je n'ai jamais pu les imaginer séparés[4]. » Ce sentiment d'amputation, de dépossession, d'être étranger dans son propre pays, les pieds-noirs l'éprouvent encore à des degrés divers. Peut-être plus encore chez ceux qui ont à pleurer des proches assassinés ou disparus.

Benjamin Stora le dit aussi : « Cette page honteuse de l'histoire française, moment épouvantable de massacres et de disparitions d'Européens, n'a jamais cessé d'habiter l'imaginaire pied-noir dans les douleurs de l'exil, au lendemain de l'indépendance. Comme une marque ineffaçable[5]. » Des manifestations, des marches blanches ou des dépôts de gerbes aux monuments aux morts sont régulièrement organisés. Les élus s'intéressent parfois à la douleur des familles, particulièrement à l'approche des élections locales ou nationales. Sur le net, les sites foisonnent, racontant l'Oran d'autrefois et l'horreur des derniers mois de la présence française en Algérie. La souffrance et la colère y maltraitent parfois la vérité historique, mais y trouvent un terrain pour s'exprimer, ce que l'espace public n'a guère permis jusqu'à présent. Pourtant, en dépit de ces différentes initiatives, les rescapés d'Oran éprouvent toujours le sentiment d'être oubliés, sinon méprisés.

Les célébrations se multiplient en ce cinquantième anniversaire de la fin de la guerre d'Algérie, mais l'évocation du drame d'Oran – et des autres massacres de pieds-noirs – est rare. Les assassinats, les disparitions, la passivité des forces françaises, le rôle du général Katz, la responsabilité des plus hautes autorités de l'État : ces aspects de l'histoire ne sont pas connus du grand public, malgré le combat mené depuis plusieurs décennies par les familles pour que ne soient pas oubliées les victimes du 5 juillet. Les revendications portent sur les mêmes trois points : la vérité des faits, l'application de la justice et la reconnaissance officielle de leurs souffrances.

La Croix-Rouge enquête

Près de six mois après le massacre, les représentants de la diplomatie française se lassent face à l'inertie des autorités algériennes et au manque de volonté tangible de Paris, qui se contente de déclarations d'intention jamais assorties d'instruments coercitifs adaptés. La République ne souhaite pas que ce dossier fragilise ses relations avec l'Algérie. La création de commissions mixtes d'enquête est abandonnée face aux réticences d'Alger, en dépit des préconisations répétées de l'ambassadeur Jeanneney[6]. Louis Joxe rencontre Mohammed Khemisti, ministre des

Affaires étrangères d'Algérie du 30 novembre au 4 décembre 1962, mais la question des disparus n'est abordée qu'au cours de la dernière journée des pourparlers. « Du côté français, on insiste alors sur la grave et constante préoccupation de voir respectées les dispositions des accords d'Évian qui ont trait à la liberté et à la sécurité des personnes. [...] La réponse algérienne n'a pas varié : les représentants algériens affirment "qu'ils entendent assumer leurs responsabilités en ce domaine"[7]. » Autrement dit, de façon diplomatique, le gouvernement algérien refuse toute ingérence française dans la recherche des disparus. Cette fin de non-recevoir n'empêche pas le versement d'une rallonge de 300 millions de nouveaux francs pour alimenter la trésorerie de l'Algérie nouvelle, sans la conditionner au respect effectif du texte signé à Évian.

C'est la Croix-Rouge internationale qui va poursuivre les recherches. Elle obtient l'autorisation d'enquêter de la part des autorités algériennes au début du mois de février 1963[8]. Le 21 février, Ahmed Ben Bella reçoit le colonel Samuel Gonard, vice-président du CICR, venu à Alger organiser le travail de la mission de recherche que finance le gouvernement français et qui doit commencer. Il sera encadré selon un projet d'accord signé par Ben Bella, et commencera le 8 mars 1963. Malgré ces dispositions favorables sur le papier, les investigations se révèlent très difficiles. En Algérie comme en France, la préoccupation des autorités est la même : mettre fin au « mythe des survivants » et évacuer le plus vite possible ce dossier gênant[9]. Du côté français, les enquêteurs qui demandent à consulter des dossiers se heurtent fréquemment au secret-défense invoqué par Pierre Messmer, ministre des Armées[10]. Du côté algérien, on multiplie les réponses dilatoires qui épuisent leur énergie, d'autant plus qu'ils ne sont pas autorisés à interroger les responsables connus des enlèvements[11]. Il faut ajouter que les témoins européens s'expriment souvent avec la plus grande réticence par crainte des représailles. Trois personnes se succèdent à la tête de la mission spéciale du CICR : Claude Pilloud, Bertrand de Haller et le colonel-brigadier Georges Marti. Claude Pilloud est le premier à se pencher de près sur les kidnappings. Il rencontre Si Bakhti fin mars 1963, mais celui-ci ne lui communique aucun renseignement exploitable, sinon que toutes les traces des disparitions à Oran ont été effacées[12]. Dans son compte rendu, le responsable de la mission de la Croix-Rouge constate son impuissance. « Tous les disparus sont morts, écrit-il, des fouilles ou des exhumations sont inutiles, elles n'auraient aucune chance de réussir[13]. » Les rares informations trouvées par l'organisation humanitaire, qui achève son enquête le 12 septembre 1963, sont synthétisées dans des dossiers confidentiels, transmis aux autorités françaises. Il faudra attendre le début des années 2000 pour que les familles puissent accéder à leur contenu.

Des associations mobilisées

Pour lutter contre la chape de silence qui s'abat sur les actes commis contre les Européens, les pieds-noirs s'organisent. La première structure qui se met en place est l'Association de défense des droits des Français d'Algérie (ADDFA), créée le 29 juin 1962, quelques jours avant l'Indépendance. Très vite, elle s'empare du dossier oranais et propose d'apporter son aide aux enquêteurs du CICR pour constituer des listes de disparus. Dirigée par l'ancien ministre Robert Bichet, figure de la démocratie chrétienne et partisan résolu de la construction européenne, elle tente d'envoyer des enquêteurs en Algérie, dont l'abbé Pierre Boz. Les renseignements recueillis sont infimes. En 1965, l'ADDFA estime que tout espoir de retrouver des survivants est vain. Une nouvelle association, qui refuse ces conclusions, se crée en 1967 : l'Association de sauvegarde des familles et enfants de disparus (ASFED). Le capitaine Marc-Louis Leclair en est le secrétaire actif. Pendant des années, il établit des listes, recueille des informations, et entretient l'hypothèse que des disparus soient encore en vie. En 1986, il publie sur la question un livre[14] qui lui attire de nombreux reproches, dont celui de nourrir de faux espoirs. En plus de la mobilisation des associations, il faut enfin mentionner le travail souterrain des particuliers et les initiatives autonomes. À ce titre, le travail réalisé par Geneviève de Ternant et son équipe, qui a abouti à la publication des trois tomes de *L'Agonie d'Oran* entre 1985 et 2000, demeure irremplaçable.

Toujours au cours des années 90, d'autres organisations se constituent, cherchant moins à retrouver la trace de survivants qu'à faire pression sur les pouvoirs publics pour favoriser l'accession aux archives et la reconnaissance officielle des exactions. Leur fonctionnement se professionnalise et leur crédibilité s'améliore. L'Association des rapatriés mineurs enfants de disparus lors du rapatriement et des pupilles de la nation (ARMR), fondée en juillet 1990, est aujourd'hui encore l'une des plus actives. Elle est présidée par Jean-Félix Vallat, dont le père, maire d'un village d'Oranie, et la mère, institutrice, ont été égorgés sous ses yeux par un commando du FLN en 1958. Sa vice-présidente est Colette Ducos-Ader ; y figurent notamment Geneviève Leblanc-Astier – dont le père a été enlevé en août 1962 –, Mgr Pierre Boz et les historiens Jean Monneret et Maurice Faivre. En octobre 2002, elle participe au comité fondateur du Groupe de recherche des Français disparus en Algérie (GRFDA) qui va jouer un rôle essentiel dans l'ouverture progressive des archives et l'information des familles. C'est le travail de cette équipe qui, au bout de nombreuses étapes, débouche en 2006 sur la remise du rapport sur les disparus de la guerre d'Algérie à Dominique de Villepin. Ce document fondamental, déjà évoqué plus haut, dévoile pour la première fois un bilan chiffré précis des disparitions[15].

Le long chemin de la vérité

L'action du GRFDA entreprise en 2002 est l'étincelle qui provoque la rupture de différentes digues. Sensible à la cause des rapatriés et harkis, Jean-Pierre Raffarin – qui avait signé le décret du 27 mai 2002 « portant création d'une mission interministérielle aux rapatriés » – confie le 24 février 2003 une mission d'étude à Michel Diefenbacher, député UMP du Lot-et-Garonne. Dans son rapport, rendu en septembre de la même année, il estime que « s'agissant des épisodes les plus violents (la tragédie des disparus, le massacre des harkis, la tuerie d'Oran...), aux sentiments de résignation ou de révolte qui ont longtemps prévalu succède [...] une volonté de savoir ce qui s'est réellement passé et d'en tirer tous les enseignements[16] ». C'est pourquoi, il préconise la création d'un comité des sages autorisé à accéder aux archives nominatives « pour répondre à l'attente si légitime, si forte et si digne des familles et des associations[17] ». Le rapport Diefenbacher inspire la loi du 23 février 2005 « portant reconnaissance de la Nation et contribution nationale en faveur des rapatriés ». Ce texte suscite une forte controverse à cause de l'article 4 qui prévoit de mentionner dans les manuels scolaires le « rôle positif de la présence de la France outre-mer[18] ». Mais cette polémique fait passer à l'arrière-plan plusieurs dispositions, importantes pour les familles des disparus, dont le deuxième paragraphe de l'article 1 selon lequel la Nation « reconnaît les souffrances éprouvées et les sacrifices endurés par les rapatriés, les anciens membres des formations supplétives et assimilés, les disparus et les victimes civiles et militaires des événements ».

À la faveur du basculement qui s'opère dans la première moitié des années 2000, les circonstances du 5 juillet 1962 apparaissent désormais avec une certaine clarté. L'enchaînement des faits, les modalités des actions, le bilan de la journée commencent à s'établir avec une certaine précision. Les informations longtemps retenues sont transmises aux familles, au risque de ranimer les souffrances. Nicole Ferrandis, membre du Haut Conseil des rapatriés et présidente de l'Association des familles des victimes du 26 mars 1962[19] – à laquelle adhèrent de nombreuses familles de disparus – en a l'intuition. Lorsque l'autorisation exceptionnelle de consulter les dossiers individuels est accordée à la suite du rapport Diefenbacher, elle rédige une circulaire pour annoncer que « les familles doivent être conscientes – et pour cela informées avec précaution – du résultat prévisible de leur démarche. L'annonce brutale de cette possibilité offerte risque de faire plus de mal que de bien ».

Le cas de Viviane Pinto-Ezagouri en est un exemple révélateur. Apprenant la possibilité d'accéder aux dossiers individuels des victimes, elle envoie une demande au ministère des Affaires étrangères pour obtenir des informations sur son père, Joseph Pinto, représentant de commerce, enlevé le 5 juillet à Oran et disparu sans laisser de traces. En août 2004, elle reçoit une réponse impersonnelle qui se fonde sur le rapport de la Croix-Rouge de 1963 resté jusqu'alors enfoui dans les archives du ministère des Affaires étrangères. Alors qu'elle était restée sans la moindre nouvelle pendant quarante-deux ans, elle doit brusquement faire face à un afflux de détails. Le 22 mai 1963, les enquêteurs du CICR établissent que « l'enlèvement a eu lieu à 15 h 30, rue Léon-Djian, à hauteur du n° 18 ». Le 1er juin, ils livrent leur conclusion, glaciale : « Probablement égorgé, cadavre jeté dans le four d'un bain maure[20]. » Le corps n'a jamais été retrouvé. Pour la fille de Joseph Pinto, ces révélations ont surtout servi à rouvrir des plaies douloureuses.

L'impossible réponse pénale

Réclamée depuis si longtemps, l'ouverture des dossiers ne cicatrise pas les blessures, car la connaissance des faits ne suffit pas. Les familles et leurs proches attendent que la justice passe et instruisent le procès des responsables des massacres. La plus significative des initiatives judiciaires remonte au 26 novembre 1998. Plusieurs dizaines de plaignants d'origine oranaise, appuyés par l'association Veritas, déposent une plainte devant le doyen des juges de Paris contre « le général Katz et toutes personnes parmi ses subordonnés ou supérieurs hiérarchiques civils ou militaires, que l'instruction permettra d'identifier comme susceptibles d'y avoir participé, pour génocide et complicités diverses, arrestations et séquestrations arbitraires, atteintes graves à l'intégrité physique ou psychique, exécutions sommaires, enlèvements de personnes suivis de leur disparition, assassinats multiples, constituant des crimes contre l'humanité, commis pendant la guerre d'Algérie courant 1962 notamment après les accords d'Évian du 19 mars 1962 et tout particulièrement le 5 juillet 1962[21] ».

Plus de trente-six ans après, les faits qui pourraient être réprimés par le Code pénal français – comme le crime de « non-assistance à personne en danger » – sont prescrits. La seule tactique juridique possible pour les plaignants est de poursuivre le général Katz devant les tribunaux en invoquant : l'unique crime imprescriptible, le crime contre l'humanité. D'ailleurs, les avocats n'hésitent pas à faire référence au procès de Klaus Barbie, au cours duquel l'accusé se défendait au motif de son obéissance aveugle aux ordres de sa hiérarchie. Ils se réfèrent aussi à celui de Maurice Papon, alors au cœur de l'actualité, que le procureur général de la cour de Bordeaux accusait d'avoir commis un « crime d'indifférence » lorsqu'il signait les ordres de transfert des prisonniers juifs raflés en Gironde vers Drancy.

Le 21 janvier 2001, le juge d'instruction Jean-Paul Vallat rend une ordonnance de refus d'informer, admettant l'existence d'« arrestations illégales, suivies de tortures et d'assassinats », bénéficiant de la prescription, et non celle d'un crime contre l'humanité *stricto sensu*[22]. De leur côté, les historiens accueillent avec une certaine réserve la plainte des Oranais, non pour des motifs juridiques, mais parce qu'elle risquerait d'introduire « l'idée [...] qu'il appartient à la justice d'établir la vérité historique à la place des historiens[23] ». Pourtant, la décision du juge Vallat satisfait en partie les plaignants et leurs soutiens qui voient reconnue par la justice l'extrême gravité des exactions du 5 juillet. Ils ne renoncent pas pour autant au projet de voir l'ancien chef du corps d'armée d'Oran répondre de ses actes au box des accusés. Les avocats de Veritas font appel, renvoyant l'affaire devant la chambre d'accusation de la cour d'appel de Paris, mais le décès du général Katz, le 6 mars 2001, met un terme à la procédure.

Cet épilogue n'interrompt pas la réflexion sur la qualification exacte des actes commis le 5 juillet 1962. S'il est vrai que la notion de crimes contre l'humanité fut longtemps réservée aux agissements de l'Allemagne nazie durant le second conflit mondial, en particulier l'extermination systématique des Juifs et des tziganes, le droit international a évolué depuis et propose une définition à laquelle le drame d'Oran correspond par plusieurs aspects, en particulier celui des disparitions. L'ONU entreprend d'examiner cette question à la fin des années 1970. Une série de disparitions forcées à Chypre inquiète suffisamment l'assemblée générale pour qu'elle rédige une résolution adoptée le 20 décembre 1978. Vingt ans plus tard, le statut de Rome – adopté le 17 juillet 1998, moins de quatre mois avant le dépôt de plainte des familles oranaises – établit que les disparitions forcées font partie des actes constitutifs des crimes contre l'humanité. Cette modification n'est pas retenue par le juge Vallat qui s'en tient à l'acception plus ancienne de crime contre l'humanité.

Le droit des disparus

En décembre 2006, l'Assemblée générale de l'ONU adopte un projet de Convention internationale pour la protection de toutes les personnes contre les disparitions forcées. L'article 2 de cette convention dispose qu'« on entend par "disparition forcée" l'arrestation, la détention, l'enlèvement ou toute autre forme de privation de liberté par des agents de l'État ou par des personnes ou des groupes de personnes qui agissent avec l'autorisation, l'appui ou l'acquiescement de l'État, suivi du déni de la reconnaissance de la privation de liberté ou de la dissimulation du sort réservé à la personne disparue ou du lieu où elle se trouve, la soustrayant à la protection de la loi ». Tandis que l'article premier rappelle qu'« aucune circonstance exceptionnelle, quelle qu'elle soit, qu'il s'agisse de l'état de guerre ou de menace de guerre, d'instabilité politique intérieure ou de tout autre état d'exception, ne peut être invoquée pour justifier la disparition forcée ».

La France signe cette convention en 2007 et la ratifie en septembre 2008. L'Algérie, quant à elle, la signe en 2007, mais ne l'a toujours pas ratifiée. Jean-Jacques Jordi, qui fait l'inventaire des évolutions du droit international dans son étude des disparitions en Algérie, se montre sévère avec la France. « Particulièrement active dans l'établissement de cette convention, note-t-il, elle aurait pu, dans l'historique qui pousse des États à dénoncer les disparitions forcées dans le monde, faire état des Français disparus en Algérie surtout après mars 1962 et d'autant plus après la proclamation de l'indépendance de l'Algérie[24]. » Mais il semble que la distinction entre « bonnes » et « mauvaises » victimes, suggérée par Jean Monneret, soit à nouveau à l'œuvre dans ce contexte. De nombreux pays sont connus pour avoir été les théâtres de disparitions forcées – l'Argentine, le Chili, l'Espagne, l'Irak, l'Iran, l'Irlande, le Mexique, le Sahara occidental, la Tchétchénie, l'URSS ou l'Uruguay. L'Algérie appartient aussi à cette liste, mais au titre des disparitions constatées pendant les années 90, au plus fort de la guerre civile. Si la légitime douleur des familles des disparus, dans le monde entier, suscite la compassion de la communauté internationale, celle des familles pieds-noirs semble moins émouvoir. En octobre 2011, l'annonce d'un colloque international au Sénat consacré à la vingtaine de ressortissants français assassinés ou disparus sous la dictature argentine entre 1976 et 1983 ne manque pas de susciter un sentiment de malaise chez les familles des disparus d'Algérie. Viviane Pinto-Ezagouri écrit le 19 octobre un mail à Robert Badinter, président d'honneur du colloque, pour le sensibiliser aussi aux cas algériens[25]. Sans résultat.

Un mur pour se souvenir

Plus le temps passe, plus la perspective de juger les responsables du massacre du 5 juillet s'estompe, même si de nombreux exécutants sont probablement toujours en vie. Certains rescapés du 5 juillet répugnent ainsi à retourner à Oran de peur de serrer la main d'un meurtrier. Ce qui reste vivace, désormais, dans les familles des disparus, c'est la soif de reconnaissance officielle. Des avancées ont été constatées depuis quelques années, mais de nouvelles controverses les ont fragilisées et empêchent toujours un deuil apaisé. Le cas du Mur des Disparus de Perpignan le démontre.

Financé par une souscription nationale lancée par le Cercle algérianiste – l'une des plus puissantes organisations de rapatriés que des subventions municipales soutiennent –, le « Mur des Disparus, morts sans sépulture en Algérie », est inauguré le 25 novembre 2007 à Perpignan dans l'enceinte du couvent Sainte-Claire, devenu une prison au XVIIIe siècle. Les noms de 2 670 personnes y sont gravés sur une surface de quinze mètres de long sur deux mètres de haut, au centre duquel figure un haut-relief du sculpteur pied-noir Gérard Vié. Entre quatre et sept mille personnes assistent à la cérémonie. Pour les familles, l'ampleur de l'événement semble marquer une évolution dans la mémoire du drame. On y retrouve certes les représentants de la communauté pied-noir, dont Thierry Rolando, le président national du Cercle algérianiste, et Suzy Simon-Nicaise, qui dirige la section locale, tous deux à l'origine du projet. Mais les élus et les représentants de l'État sont aussi présents. Jean-Paul Alduy, le maire de Perpignan, son adjoint Jean-Marc Pujol et Alain Marleix, secrétaire d'État chargé des Anciens Combattants dans le gouvernement de François Fillon, assistent à l'inauguration et prononcent chacun un discours. La musique de la Légion étrangère conclut la cérémonie. Devant le mur, des proches des disparus parcourent les reliefs du bout des doigts. De nombreux participants éprouvent le sentiment d'assister à des obsèques quarante-cinq après le drame, et de faire enfin leur deuil. La présence des élus et d'un membre du gouvernement semble annoncer la reconnaissance longtemps attendue.

Le soupçon permanent

Cet apaisement n'est qu'apparent. Plusieurs mois avant l'inauguration, une polémique s'élève, contestant la portée du Mur des Disparus avant même sa construction. En octobre 2005, la section locale de la Ligue des droits de l'homme, dans un courrier à Jean-Paul Alduy, dénonce « une offense pour toutes les victimes de la colonisation française en Algérie » et y voit « un projet de l'ADIMAD[26], association qui cultive le souvenir de l'OAS[27] ». Le maire de Perpignan maintient le projet. En avril 2007, une médiation est tentée, coordonnée par Éric Savarèse, professeur en sciences politiques. La concertation achoppe sur la présence possible de militants de l'OAS parmi les noms gravés sur le mur. « De la sorte, lit-on en annexe du rapport, les descendants des victimes de cette organisation criminelle se sentiraient légitimement insultés. » La commission préconise alors de renoncer à la construction du mur, ou d'y associer les noms des victimes connues ou anonymes de l'OAS ainsi que les harkis[28]. La proposition laisse perplexe Jean-Jacques Jordi, qui se montrait pourtant réservé sur le projet : il rappelle qu'« il est question d'un mur des disparus et non d'un mur où seraient inscrites toutes les victimes, et ici il faut entendre les morts, de la guerre d'Algérie[29] ».

Les promoteurs refusent, mais les critiques émises par les adversaires du mur ne sont pas sans effet. Une citation d'Albert Camus, que sa fille Catherine refuse de voir inscrite sur le mur, est remplacée par une phrase de l'écrivain pied-noir Jean Brune. De même, la citation de l'écrivain Slimane Benaïssa est remplacée par une phrase de Chateaubriand. À la veille de l'inauguration, près de deux cents opposants protestent, groupés non loin du couvent Sainte-Claire. Enfin, peu après l'événement, plusieurs déclarations reprises dans les médias critiquent vivement le mur. Michel Tubiana, président de la LDH, dénonce un « coup contre le vivre-ensemble », et Mouloud Aounit, secrétaire général du Mouvement contre le racisme et pour l'amitié entre les peuples (MRAP), craint les « logiques de revanche » que le mur pourrait nourrir[30].

Aujourd'hui, les historiens ont montré que le monument de Perpignan n'était pas à l'abri d'une critique scientifique, plusieurs aberrations apparaissant dans la liste des noms. Jean-Jacques Jordi parle de près de 900 noms gravés « abusivement », dont ceux de 409 militaires disparus, déjà honorés au mémorial du Quai Branly à Paris. Le Cercle algérianiste s'est engagé à rectifier la liste en fonction des avancées des recherches[31]. Mais ces imprécisions ou inexactitudes sont autant de prétextes pour les opposants au mur, qui le réduisent à un lieu de pèlerinage pour nostalgiques de l'OAS et de l'Algérie française. Cet amalgame est inacceptable pour les pieds-noirs, d'autant qu'il explique en partie pourquoi les disparus d'Algérie – particulièrement ceux d'Oran, « bastion de l'OAS » – seraient de « mauvaises victimes ». « Nous sommes des colonialistes, des fascistes, etc. Et à la limite nous avons mérité ce qui nous est arrivé, s'indigne Marie-Claude Teuma. À force de n'obtenir aucune réponse, ma colère est en train de se transformer en haine », déplore-t-elle[32].

Ce préjugé qui pèse sur les rapatriés depuis 1962[33] les maintient à l'écart dans la mémoire nationale, et leur vaut des vexations inutiles. À deux reprises, à Paris, les 5 juillet 2006 et 2007, l'association des Anciens du lycée Lamoricière d'Oran (ALLO) – dont Sydney Zemor est le président d'honneur –, venue déposer une gerbe en hommage aux disparus d'Oran sous l'Arc de triomphe, s'en voit barrer l'accès par des cordons de CRS. L'autorisation, accordée par le Comité de la Flamme, avait été retirée sous la pression d'une série d'associations, comme la LDH, le MRAP ou l'Association nationale pour la protection de la mémoire des victimes de l'OAS (ANPROMEVO) présidée par Jean-François Gavoury, fils du commissaire Roger Gavoury, assassiné par l'OAS à Alger le 31 mai 1961. Pour le président de la LDH, le soutien de l'ADIMAD à la démarche des Anciens du lycée Lamoricière est le signe d'une collusion évidente avec les nostalgiques et les anciens de l'OAS. « On pourrait se demander si l'association ALLO n'est pas purement et simplement un prête-nom de l'ADIMAD », s'interroge Jean-Pierre Dubois dans le courrier qu'il adresse le 3 juillet 2007 au ministre de l'Intérieur Michèle Alliot-Marie pour réclamer l'interdiction du rassemblement[34]. Cette hypothèse ne tient aucun compte de la différence entre les démarches des deux associations, qui certes peuvent partager des adhérents, mais ne poursuivent pas les mêmes objectifs.

Cinquante ans après

Pendant près de quatre décennies, le versement d'indemnités financières fut la seule preuve tangible de la solidarité nationale envers les rapatriés, comme si les pertes matérielles étaient les seuls dommages que la France estimait légitimes de déplorer. Mais, au cours des années 2000, les pieds-noirs commencent à espérer la reconnaissance officielle de leurs souffrances : la perte de leur terre, l'abandon des cimetières, les innocents assassinés, les morts sans sépulture et leur accueil déplorable en métropole. Plusieurs événements forts, comme l'ouverture des archives, la loi de février 2005, ou l'édification du Mur des Disparus en 2007, laissent entrevoir une reconnaissance globale dans un climat d'apaisement. Mais de nouvelles controverses surgissent à chaque occasion.

Les familles plaignantes réclament désormais que la France reconnaisse officiellement sa responsabilité dans la consigne donnée aux forces françaises de demeurer dans leurs casernes pendant la chasse à l'homme qui se déroulait à travers la ville. Plusieurs pétitions lancées à cet effet sur internet n'ont pas donné gand-chose, au-delà des cercles de rapatriés. *A contrario*, l'« Appel pour la reconnaissance officielle de la tragédie du 17 octobre 1961 à Paris », mis en ligne le 12 octobre 2011 par le site Mediapart[35], a recueilli de nombreuses signatures, dont celles de trois candidats à l'élection présidentielle (François Hollande, Jean-Luc Mélenchon, Philippe Poutou) et d'intellectuels prestigieux (Stéphane Hessel, Régis Debray, Pierre Rosanvallon...). « Pour l'avenir, et notamment pour 2012, en cas d'alternance politique, ces signatures les engagent tous », souligne Mediapart. En décembre 2011, au lendemain du vote de la loi réprimant la négation de tous les génocides, dont le génocide arménien, la sénatrice Europe-Écologie du Val-de-Marne Esther Benbassa fait savoir à l'agence Algérie Presse Service qu'elle a l'intention de déposer à l'automne 2012 une proposition de loi « visant la reconnaissance de la responsabilité de la France dans les massacres du 17 octobre 1961 ». Les sept cents morts et disparus du 5 juillet 1962 bénéficieront-ils d'une telle mobilisation à l'approche des grands rendez-vous électoraux de 2012 ?

Aujourd'hui, la plupart des familles n'espèrent plus rien des pouvoirs publics. Des rescapés, enfermés dans le silence, refusent d'évoquer les journées tragiques, même avec leurs proches. « Aujourd'hui, je n'attends rien, j'essaie de comprendre. Je n'ai jamais parlé de tout cela, même à mes enfants[36] », confie Josette Klein, partie le 5 juillet d'Oran avec sa mère, après avoir manqué d'être lynchée sur la route du port. Cette femme parlait couramment arabe avec ses camarades musulmans, dont elle partageait le quotidien dans les quartiers populaires de Lamur, du Petit-Lac et de Saint-Eugène. « Depuis mon départ, j'ai un blocage, je ne sais plus le parler », confie-t-elle. D'autres s'efforcent de vivre avec leurs souvenirs douloureux, ce qui parfois retentit sur leur entourage depuis des décennies. « Il faut imaginer quelles sont les répercussions de tout cela sur les familles. Ce que pensent les enfants quand ils voient leur mère pleurer très souvent ou même "péter les plombs" », confie Marie-Claude Teuma[37]. Cinquante ans après le massacre, il est grand temps de prendre en compte tant de ces souffrances oubliées.

CONCLUSION

« Et que Dieu me prenne en pitié. »

Charles de Gaulle[1].

La reconstitution du puzzle du 5 juillet prouve sans ambiguïté que le drame d'Oran n'est pas un mythe, élucubration d'une paranoïa pied-noir ou d'un antigaullisme exacerbé. Ce jour-là, pendant plusieurs heures, des Européens sont pourchassés dans les rues de la ville par des soldats algériens et des civils en armes. Les forces de l'ordre françaises, fortes de 18 000 hommes, restent consignées dans leurs casernes, obéissant aux ordres du général Katz. Regroupements, assassinats et enlèvements sont perpétrés sans opposition ou presque. Près de sept cents Européens sont victimes des tueurs, assassinés sur place ou, dans la très grande majorité des cas, après avoir été kidnappés et conduits vers des centres d'exécution. Les morts musulmans, victimes d'une épuration aussi sauvage que hâtive, n'ont jamais été décomptés avec rigueur.

Ce massacre est demeuré inconnu pendant cinquante ans. Les victimes tentent depuis, souvent en vain, de se faire entendre. Des historiens s'emploient à en reconstituer le déroulement. Des responsables politiques, saisis du dossier, cherchent parfois à donner des réponses techniques, législatives ou économiques. Mais ce drame reste ignoré du grand public. Plusieurs raisons expliquent la méconnaissance de l'une des principales tueries d'un conflit, que les accords d'Évian clôturent sur le papier, mais qui connaît de sanglants soubresauts jusqu'à l'Indépendance, et même après.

La première, la plus évidente, tient au mode opératoire des tueurs. La plupart des victimes disparaissent sans laisser de traces, hâtivement enterrées au bulldozer sur les lieux des exécutions, comme au Petit-Lac. Reste ensuite un faisceau d'explications, dont le refus systématique du FLN d'en porter la responsabilité ou, à défaut, de conduire des enquêtes solides. Le manque de persévérance des autorités françaises, pourtant alertées par leurs représentations diplomatiques, constitue un autre facteur essentiel.

Cinquante ans après, l'ouverture des archives, le recueil des témoignages et les synthèses historiques auraient dû faire émerger les faits et définir l'épisode comme objet d'indignation nationale. Il n'en fut rien. Le « silence d'État », dont parle Jean-Jacques Jordi, fut maintenu avec une étonnante constance. Il est vrai que la chasse à l'homme d'Oran remet en cause plusieurs certitudes répandues dans les médias ou les manuels d'histoire. La faiblesse de la France devant les exigences de l'Exécutif provisoire algérien, puis de Ben Bella, jette une ombre singulière sur le souci de grandeur nationale que l'on prête à Charles de Gaulle. Peut-on nier que la France avait les moyens d'effectuer un retrait d'Algérie plus digne ? Sa précipitation – impliquant de passer les meurtres d'Européens et de harkis par pertes et profits – demeure un mystère.

Surtout, le massacre du 5 juillet remet en cause le « dogme du 19 mars » selon lequel la paix serait revenue en Algérie après les accords d'Évian. Cette date, qui figure dans la toponymie de nombreuses villes françaises, a valeur d'insulte aux yeux des pieds-noirs qui, au contraire, constatent à partir de ce jour une intensification des violences commises à leur encontre, dont le massacre d'Oran fut le point d'orgue. En raconter l'horreur, la faire connaître au pays, conduirait à déboulonner aussitôt et partout les plaques des « rues du 19 mars 1962 », car il est manifeste que cette date est tout sauf le synonyme d'une paix retrouvée. De nombreuses organisations, pour des raisons souvent idéologiques, ne le veulent pas.

Le massacre du 5 juillet est-il l'objet d'un déni de mémoire ? Le cinquantième anniversaire de la fin de la guerre d'Algérie est peut-être l'occasion d'y réfléchir et d'y remédier. À sa mesure, ce livre espère y contribuer.

Appendice

QUE SONT-ILS DEVENUS ?

Ahmed Ben Bella

Le 15 septembre 1963, il devient le premier président de la République algérienne. Le 19 juin 1965, il est renversé lors du coup d'État conduit par Houari Boumediene. Incarcéré jusqu'en 1979, il part en exil en Suisse en 1980 et ne revient en Algérie qu'en 1990. À l'heure d'imprimer ce livre, il venait d'être hospitalisé en urgence en France.

Houari Boumediene

Nommé vice-Premier ministre en 1963, il renverse son ancien allié Ahmed Ben Bella en juin 1965 et prend la direction du Conseil national de la Révolution. Il renforce la dimension autoritaire du régime algérien jusqu'à son décès le 27 décembre 1978.

Jean Herly

Après son expérience consulaire en Algérie, il occupe plusieurs postes d'ambassadeur : en République centrafricaine, en Israël et au Maroc. De 1981 à 1985, il est ministre d'État de la principauté de Monaco. Jean Herly est décédé en 1998.

JEAN-MARCEL JEANNENEY

Le premier ambassadeur de France en Algérie quitte ses fonctions au début du mois de janvier 1963. Il est remplacé par Georges Gorse. Il occupe plusieurs portefeuilles dans les gouvernements Pompidou, puis Couve de Murville. Après la mort du général de Gaulle, il s'éloigne du mouvement gaulliste. Il est décédé le 17 septembre 2010.

EDMOND JOUHAUD

Moins de trois semaines après son arrestation, il est condamné à mort par le haut tribunal militaire le 13 avril 1962. Après avoir échappé de peu à l'exécution, il voit sa peine commuée en détention criminelle à perpétuité en novembre 1962. Libéré en décembre 1967, le général Jouhaud est décédé le 4 septembre 1995.

LOUIS JOXE

Le 6 décembre 1962, il quitte les Affaires algériennes et prend la tête du ministère en charge de la Réforme administrative, poste qu'il occupe jusqu'en 1967. Il est alors nommé garde des Sceaux. Le 30 mai 1968, il quitte le gouvernement. Élu député du Rhône à plusieurs reprises, il est membre du Conseil constitutionnel de 1977 à 1989. Il est décédé le 6 avril 1991.

JOSEPH KATZ

Le 27 juillet 1962, il reçoit son ordre de mutation pour Coblence (Allemagne). Il quitte l'Algérie le 13 août. Grâce à des appuis politiques de haut niveau, dont celui d'Edmond Michelet[1], il accède aux échelons les plus élevés de la hiérarchie militaire. Nommé général d'armée en 1966, il prend sa retraite en 1968. Il est décédé le 6 mars 2001.

RABAH KHELIF

Après l'indépendance de l'Algérie, il s'installe en France où il œuvre en faveur de la cause des harkis et créée l'Union nationale des anciens combattants français musulmans. Profondément croyant, il favorise la création de la Grande Mosquée de Lyon. Commandeur de la Légion d'honneur, il est décédé le 3 novembre 2003.

DJELLOUL NEMICHE – « SI BAKHTI »

Le 23 août 1962, il rejoint l'administration civile en tant que sous-préfet d'Oran. Il est élu député d'Oran en 1977. De 1980 à 1986, il entre au gouvernement où il prend le portefeuille des Moudjahidine (anciens combattants). Décédé, Djelloul Nemiche a donné son nom à une rue du quartier de Maraval.

NOTES

Notes de l'introduction, p. 25

1. Métropolitain.

2. « Oran, 5 juillet 1962, le massacre oublié », *L'Histoire*, n° 231, avril 1999.

3. Intégré aujourd'hui au sein du Service historique de la défense (SHD).

4. Le 20 août 1955, à l'instigation du FLN, des civils musulmans investissent le village minier d'El-Halia, non loin de Philippeville. Près de 140 personnes sont massacrées, dont de nombreux enfants. Dans les deux semaines qui suivent, la répression fait plusieurs centaines de morts.

5. Voir notamment les travaux de Raphaëlle Branche sur le renseignement (*L'Armée et la torture pendant la guerre d'Algérie, 1954-1962*, Gallimard, 2001) et de Sylvie Thénault sur la justice pendant la guerre d'Algérie (*Une drôle de justice. Les magistrats dans la guerre d'Algérie*, La Découverte, 2001).

Notes du chapitre premier, p. 33

1. Marion Vidal-Bué, *L'Algérie des peintres, 1830-1960*, éditions Paris-Méditerranée, 2002, p. 93 et suiv.

2. Albert Camus, *L'Été*, in *Œuvres complètes*, t. III, « Bibliothèque de la Pléiade », Gallimard, 2008, p. 582.

3. *Ibid.*, p. 569.

4. *Ibid.*

5. Selon les conclusions des naturalistes français Paul Pallary et François Doumergue.

6. Élisabeth Fechner, *Souvenirs de là-bas – Oran et l'Oranie*, Calmann-Lévy, 2002, p. 8.

7. *Ibid.*, p. 7.

8. Albert Camus, *L'Été*, *op. cit.*, p. 570.

9. Oran ou Wahran signifie « deux lions ». Leurs reproductions sculptées montent la garde devant l'hôtel de ville depuis 1886. On racontait aux enfants d'Oran qu'ils se déplaçaient la nuit pour aller satisfaire leurs besoins naturels dans les jardins de la ville.

10. Fouad Soufi, *Oran, 28 février 1962, 5 juillet 1962. Deux événements pour l'histoire, deux événements pour la mémoire.* Colloque en l'honneur de Charles-Robert Ageron, *La Guerre d'Algérie au miroir des décolonisations françaises*, Paris, Sorbonne, 2000.

11. *Ibid.*

12. Élisabeth Fechner, *Souvenirs de là-bas – Oran et l'Oranie*, *op. cit.*, p. 7.

13. Jean-Pierre Lledo, *Algérie, histoires à ne pas dire*, 2007. Ce film est actuellement interdit en Algérie.

14. Le centre historique de la ville bâti sur les flancs du Murdjajo, appelé la Marine jusqu'en 1962.

15. Les *gour* sont les « non-musulmans ».

16. Élisabeth Fechner, *Souvenirs de là-bas – Oran et l'Oranie*, *op. cit.*, p. 9.

17. Site internet de la Fondation Pierre Berger/Yves Saint Laurent : http://www.fondation-pb-ysl.net

18. Robert Ménard a raconté son départ d'Oran dans le recueil d'Éric Fottorino, *Mille et un soleils – Paroles du Maghreb en France*, Stock, 1995, p. 99.

19. Le PPA-MTLD devient le Comité révolutionnaire d'unité et d'action (CRUA) en avril 1954. Le CRUA se transforme en Front de libération nationale (FLN) à la veille de l'insurrection.

20. Les trois hommes assureront ensuite la représentation extérieure du FLN après la Toussaint rouge. Les six leaders intérieurs de la rébellion étant Larbi Ben M'hidi, Didouche Mourad, Rabah Bitat, Krim Belkacem, Mohamed Boudiaf et Mostefa Ben Boulaïd.

21. Quelques centaines d'hommes.

22. Benjamin Stora, *Histoire de la guerre d'Algérie*, La Découverte, coll. « Repères », 2006, p. 37.

23. Cheville ouvrière de la vague d'attentats déclenchée à Alger en 1957, il est arrêté en février par les parachutistes français. Les circonstances de son décès sont demeurées obscures, jusqu'à ce que le général Paul Aussaresses révèle en 2001 qu'il l'avait fait sommairement exécuter par pendaison le 5 mars 1957.

24. Les wilayas sont des unités territoriales définies par le FLN lors du congrès de la Soummam. Le territoire algérien est divisé en six wilayas (l'Oranie étant la wilaya 5). Une septième wilaya correspond au territoire métropolitain sur lequel le FLN agit intensément, notamment pour collecter des fonds.

25. Compagnies de l'ALN.

26. Guy Pervillé, « La ligne Morice en Algérie », in *Panoramiques*, n° 67, 2004.

27. Par extension, la ligne Morice désigne les deux barrages frontaliers, oriental et occidental.

28. Guy Pervillé, « "L'Oranie pacifiée", sous le commandement du général Gambiez ». Article rédigé pour le colloque organisé en l'honneur du général Gambiez en 2004. Actes publiés dans *Les Guerres du général Gambiez*, L'Esprit du Livre, 2009.

29. Lire à ce sujet Christophe Nick, *Résurrection. Naissance de la Ve République – Un coup d'État démocratique*, Fayard, 1999.

30. Jacques Valette, *Le 13 mai du général Salan*, L'Esprit du Livre, 2008.

31. Les théories de Roger Trinquier sur la guerre subversive ont été minutieusement étudiées par l'armée américaine, afin de définir une stratégie d'action psychologique en Irak et en Afghanistan.

32. Special Air Service, unités spéciales des forces armées britanniques pendant la Seconde Guerre mondiale.

33. Militants FLN « retournés » par les services français et réinfiltrés dans les wilayas où ils diffusaient de fausses informations. Ces intoxications ont suscité une véritable psychose, baptisée « bleuite », au sein du FLN, et débouché sur de sauvages épurations.

34. Roger Trinquier, *Le Coup d'État du 13 mai*, L'Esprit nouveau, 1962, p. 154.

35. Paul-Alain Léger, *Aux carrefours de la guerre*, Albin Michel, 1983, p. 327. Voir aussi Service historique de la Défense, témoignage oral du commandant Paul-Alain Léger (3K42-XIII).

36. Henri Martinez, *Et qu'ils m'accueillent avec des cris de haine – Oran, 1962*, Robert Laffont, 1982, p. 32.

37. *Le Procès d'Edmond Jouhaud*, compte rendu sténographique, Albin Michel, 1962, p. 22.

38. Guy Pervillé, « "L'Oranie pacifiée", sous le commandement du général Gambiez », *op. cit.*

39. Général Henri Jacquin, *La Guerre secrète en Algérie*, Olivier Orban, 1977. *Historia magazine*, n° 317, série spéciale « Guerre d'Algérie ».

40. Guy Pervillé, « "L'Oranie pacifiée", sous le commandement du général Gambiez », *op. cit.*

41. Benjamin Stora, *Histoire de la guerre d'Algérie*, *op. cit.*, p. 56.

42. « La première pourvoyeuse du terrorisme en Algérie est la misère », déclare-t-il le 12 novembre 1954, moins de deux semaines après le début de l'insurrection.

43. Entretien avec l'auteur, 30 novembre 2011.

44. *Paris Match*, 17 décembre 2010.

Notes du chapitre 2, p. 53

1. Benjamin Stora, *Histoire de la guerre d'Algérie*, *op. cit.*, p. 57.

2. Rémi Kauffer, *OAS – Histoire d'une guerre franco-française*, Le Seuil, coll. « L'épreuve des faits », 2002, p. 64.

3. Olivier Dard, *Voyage au cœur de l'OAS*, Perrin, coll. « Tempus », 2011, p. 18.

4. Cité par Ait Benali Boubekeur, « Il y a 50 ans, la semaine des barricades », 28 janvier 2010 www.algeria-watch.org/fr/article/hist/1954-1962/semaïne_barricades.htm.

5. SHD, témoignage oral du général Albéric Vaillant, 3K13 – X – 7.

6. Pierre Demaret et Christian Plume, *Objectif de Gaulle*, Robert Laffont, 1973. Cité par Olivier Dard, *Voyage au cœur de l'OAS*, *op. cit.*, p. 72.

7. 75 % de « oui » en métropole, 68 % en Algérie.

8. Pierre Lagaillarde, Jean-Jacques Susini, Marcel Ronda, Jean Ferrandi.

9. Rémi Kauffer, *OAS – Histoire d'une guerre franco-française*, *op. cit.*, p. 131.

10. Leo Palacio, « Confusion en Oranie », in *Historia Magazine*, n° 335, septembre 1973, p. 2713.

11. Edmond Jouhaud, *Ô mon pays perdu*, Fayard, 1969, p. 251-253.

12. André Zeller, *Dialogue avec un général*, Presses de la Cité, 1974.

13. *Le Procès des généraux Challe et Zeller.* Texte intégral des débats, Nouvelles Éditions latines, 1961, p. 120.

14. *Le Procès du général Salan*, Nouvelles Éditions latines, 1962, p. 202.

15. *Ibid.,* p. 118.

16. Olivier Dard, *Voyage au cœur de l'OAS*, *op. cit.*, p. 90.

17. Léo Palacio, « Confusion en Oranie », art. cité, p. 2718-2719.

18. Sur l'activité de l'OAS à Oran pendant et au lendemain du putsch, lire la synthèse d'Olivier Dard, *Voyage au cœur de l'OAS*, *op. cit.*, p. 90-91.

19. Expression employée par Fouad Soufi, *op. cit.*

20. Jean Monneret, *La Tragédie dissimulée – Oran, 5 juillet 1962*, Michalon, 2006, p. 29.

21. R.P. Michel de Laparre, *Oran, 1961-1962 – Journal d'un prêtre en Algérie*, Éditions du Fuseau, 1964, p. 15.

22. *OAS parle*, Julliard, 1964.

23. Henri Martinez, *Et qu'ils m'accueillent avec des cris de haine*, *op. cit.*, p. 63.

24. Rémi Kauffer, *OAS – Histoire d'une guerre franco-française*, *op. cit.*, p. 293-295.

25. Fouad Soufi, *Oran, 28 février 1962, 5 juillet 1962…*, *op. cit.*

26. Olivier Dard, *Voyage au cœur de l'OAS*, *op. cit.*, p. 108.

27. *Le Procès d'Edmond Jouhaud*, *op. cit.*, p. 13.

28. Claude Micheletti, *Fors l'honneur. La guérilla OAS à Oran, 1961-1962*, Jean Curutchet Éditions, 2002, p. 38.

29. Pierre Guillaume a directement inspiré le personnage du Crabe-Tambour, porté à l'écran par Pierre Schoendoerffer en 1977.

30. Georges Fleury, *Histoire secrète de l'OAS*, Perrin, 2002, p. 468.

31. *Le Procès d'Edmond Jouhaud*, *op. cit.*, p. 106.

32. L'OAS, accusée de ce meurtre, le récusa et fit déposer une gerbe à l'emplacement de l'attentat.

33. Lire la synthèse de cette journée *in* Fouad Soufi, *op. cit.*

34. Jean-Jacques Jordi, *Un silence d'État – Les disparus civils européens de la guerre d'Algérie*, Éditions Soteca, 2011, p. 55.

35. *Le Procès d'Edmond Jouhaud*, *op. cit.*, p. 132.

36. Geneviève de Ternant, *L'Agonie d'Oran*, trois tomes, Jacques Gandini, 1985-2000, t. I, p. 37.

37. Jean-Pierre Chevènement, *Le Vieux, la Crise, le Neuf*, Flammarion, 1977, p. 25-26.

38. *Cf. supra*, p. 42.

39. Général Charles Ailleret, *Général du contingent*, Grasset, 1998, p. 290.

40. La mort de Raymond Leyris le 22 juin 1961, assassiné d'une balle dans la nuque dans un souk de Constantine, marque le signal du départ pour les Juifs de la région. Ce musicien juif, maître de la musique arabo-andalouse, d'un grand renom, était aimé et respecté depuis toujours par les communautés de la ville.

41. Jean Monneret, *La Tragédie dissimulée*, *op. cit.*, p. 40.

42. Le meurtrier l'avait confondu avec le général Katz qui était la cible de l'opération.

43. Préface de Joseph Katz, *L'Honneur d'un général, Oran 1962*, L'Harmattan, 1993.

44. Propos cité par Maurice Faivre, *Les Archives inédites de la politique algérienne, 1958-1962*, L'Harmattan, 2000, p. 352.

45. Henri Martinez, *Et qu'ils m'accueillent avec des cris de haine*, *op. cit.*, p. 78.

46. Cité par Benjamin Stora, « Été 1962 : Oran, ville d'apocalypse », *Le Monde*, 27 août 1992.

47. Jean Monneret, *La Tragédie dissimulée*, *op. cit.*, p. 44.

48. Pierre Laffont, *L'Expiation*, Plon, 1968, p. 260.

49. L'accord Susini-Mostefaï ne sera jamais appliqué du fait de l'effondrement du GPRA et de la prise du pouvoir par Ben Bella après l'Indépendance.

50. Olivier Dard, *Voyage au cœur de l'OAS*, *op. cit.*, p. 311.

51. Cité par Joseph Katz, *L'Honneur d'un général*, *op. cit.*, p. 313.
52. Cité par Claude Micheletti, *Fors l'honneur...*, *op. cit.*, p. 270.
53. *Cf. supra*, p. 39.
54. R.P. Michel de Laparre, *Oran, 1961-1962 – Journal d'un prêtre en Algérie*, *op. cit.*, p. 172.
55. *Ibid.*, p. 174.
56. *Le Monde*, 30 juin 1962, cité *in* Jean Monneret, *La Tragédie dissimulée*, *op. cit*, p. 76.
57. Inspecteur général de l'administration en mission extraordinaire.
58. Georges Fleury, *Histoire secrète de l'OAS*, *op. cit.*, p. 914.
59. Geneviève de Ternant, *L'Agonie d'Oran*, *op. cit.*, t. II, p. 41.
60. Georges Fleury, *Histoire secrète de l'OAS*, *op. cit.*, p. 917.
61. Jean Monneret, *La Tragédie dissimulée*, *op. cit.*, p. 79.
62. Cité *in* Fouad Soufi, *Oran, 28 février 1962, 5 juillet 1962...*, *op. cit.*
63. R.P. Michel de Laparre, *Oran, 1961-1962 – Journal d'un prêtre en Algérie*, *op. cit.*, p. 178-179.
64. Le leader de l'OAS Jean-Jacques Susini appelle lui-même à voter « Oui » au référendum.

Notes du chapitre 3, p. 87

1. Miloud Karim Rouina, « Radioscopie du Front de libération nationale à Oran durant la Guerre de libération nationale », colloque *Pour une histoire critique et citoyenne. Le cas de l'histoire franco-algérienne*, 20-22 juin 2006, Lyon, ENS LSH, 2007.
2. Abdelaziz Bouteflika, l'actuel président algérien, est l'un des artisans de ce rapprochement, grâce à la liaison qu'il a opérée entre les deux hommes.
3. R.P. Michel de Laparre, *Oran, 1961-1962 – Journal d'un prêtre en Algérie*, *op. cit.*, p. 184.
4. Témoignage privé d'André Amadeuf.
5. Témoignage enregistré de Sydney Zemor, 2 novembre 1987.
6. R.P. Michel de Laparre, *Oran, 1961-1962 – Journal d'un prêtre en Algérie*, *op. cit.*, p. 185.
7. Article publié dans *L'Écho Soir*, cité par Fouad Soufi, *Oran, 28 février 1962, 5 juillet 1962...*, *op. cit.*

8. Gérard Israël, *Le Dernier Jour de l'Algérie française*, Robert Laffont, 1970, cité par Georges-Marc Benamon, in *Un mensonge français,* Robert Laffont, 2003, p. 255.

9. R.P. Michel de Laparre, *Oran, 1961-1962 – Journal d'un prêtre en Algérie*, *op. cit.*, p. 185.

10. Geneviève de Ternant, *L'Agonie d'Oran*, *op. cit.*, t. II, p. 83.

11. *Paris Match*, 14 juillet 1962.

12. R.P. Michel de Laparre, *Oran, 1961-1962 – Journal d'un prêtre en Algérie*, *op. cit.*, p. 185.

13. Témoignage enregistré de Sydney Zemor, 2 novembre 1987.

14. Jean Monneret, *La Tragédie dissimulée*, *op. cit.*, p. 123.

15. Geneviève de Ternant, *L'Agonie d'Oran*, *op. cit.*, t. II, p. 87.

16. Benjamin Stora, *Histoire de la guerre d'Algérie*, *op. cit.*, p. 84.

17. R.P. Michel de Laparre, *Oran, 1961-1962 – Journal d'un prêtre en Algérie*, *op. cit.*, p. 187.

18. Geneviève de Ternant, *L'Agonie d'Oran*, *op. cit.*, t. III, p. 58.

19. *Paris Match*, 14 juillet 1962.

20. Jean Monneret, *La Tragédie dissimulée*, *op. cit.*, p. 140.

21. Geneviève de Ternant, *L'Agonie d'Oran*, *op. cit.*, t. II, p. 92.

22. Entretien avec l'auteur, 2 janvier 2012. Le père de Viviane Pinto-Ezagouri disparaît ce jour-là. *Cf. infra*, p. 179.

23. Geneviève de Ternant, *L'Agonie d'Oran*, *op. cit.*, t. II, p. 67.

24. Témoignage privé d'André Amadeuf.

25. Camion militaire de fabrication américaine.

26. *Ibid.*, p. 85.

27. *Paris Match*, art. cité.

28. Jean-Pierre Chevènement, *Le Vieux, la Crise, le Neuf*, *op. cit.*, p. 29.

29. Geneviève de Ternant, *L'Agonie d'Oran*, *op. cit.*, t. III, p. 58.

30. Pierre Laffont, *L'Expiation*, *op. cit.*, p. 283.

31. Jean Monneret, *La Tragédie dissimulée*, *op. cit.*, p. 137-138.

32. L'un des deux camions est retrouvé dix jours plus tard au Petit-Lac. Des taches de sang maculent la banquette du conducteur. L'autre, facilement identifiable en raison du logo « Orangina » qui l'orne, est aperçu à plusieurs reprises après le 5 juillet dans les rues d'Oran, avec des membres de l'ALN à son bord (source : compte rendu du CICR).

33. Geneviève de Ternant, *L'Agonie d'Oran*, *op. cit.*, t. II, p. 84.

34. *Ibid.*, p. 82.

35. Marcelle Routier, *Derrière eux, le soleil*, Stock, 1974, p. 160.

36. Jean Monneret, *La Tragédie dissimulée*, *op. cit.*, p. 141.

37. *Cf. infra*, p. 138-139.

38. Pied-noir, servant alors sur la base militaire de Mers el-Kebir, Jean-François Paya se consacre depuis des années à faire la lumière sur les événements du 5 juillet.

39. http://popodoran.canalblog.com/archives/2009/12/10/16104396.html

40. Jean Monneret, *La Tragédie dissimulée*, *op. cit.*, p. 172.

41. Miloud Karim Rouina, thèse de troisième cycle : *Essai d'étude comparative de la guerre d'Indépendance de l'Algérie de 1954-1962 à travers deux villes : Oran – Sidi-Bel-Abbès*, Université de Montpellier III, juin 1980.

42. Maurice Faivre, *Rapport sur les disparus de la guerre d'Algérie*, 23 novembre 2006, p. 18.

43. Jean Monneret, *La Tragédie dissimulée*, *op. cit.*, p. 142.

44. « L'immense responsabilité de la France », *Rivarol*, juillet 1965. Reproduit *in* Geneviève de Ternant, *L'Agonie d'Oran*, *op. cit.*, t. II, p. 58.

45. Jean-Pierre Lledo, *Algérie, histoires à ne pas dire*, *op. cit.*

46. « Non-musulman » : singulier de *gour*, *cf. supra*, p. 40.

47. Geneviève de Ternant, *L'Agonie d'Oran*, *op. cit.*, t. II, p. 79.

48. *Cf. supra*, p. 99.

49. *Cf. supra*, p. 94.

50. Témoignage recueilli par Marcelle Routier, *Derrière eux, le soleil*, *op. cit.*, p. 148.

51. Cité *in* Fouad Soufi, *Oran, 28 février 1962, 5 juillet 1962…*, *op. cit.*

52. Cette explication est défendue depuis longtemps par Jean-François Paya. Il a récemment été rejoint dans ses conclusions par l'historien Jean-Jacques Jordi, même si les deux hommes ne suivent pas les mêmes chemins pour y parvenir.

53. R.P. Michel de Laparre, *Oran, 1961-1962 – Journal d'un prêtre en Algérie*, *op. cit.*, p. 189.

54. Geneviève de Ternant, *L'Agonie d'Oran*, *op. cit.*, t. II, p. 36. Ces lignes de Bruno Étienne sont citées dans une analyse des causes du

5 juillet dont l'auteur est anonyme. Dans le tome III de *L'Agonie d'Oran*, on apprend qu'il s'agit de Jean-François Paya.

55. Jean-Jacques Jordi, *Un silence d'État*, *op. cit.*, p. 71.

56. Jean Monneret, *La Tragédie dissimulée*, *op. cit.*, p. 99-100.

57. *Ibid.*, p. 75.

58. *Paris Match*, art. cité.

59. Geneviève de Ternant, *L'Agonie d'Oran*, *op. cit.*, t. II, p. 130.

60. R.P. Michel de Laparre, *Oran, 1961-1962 – Journal d'un prêtre en Algérie*, *op. cit.*, 7 juillet.

61. *Cf. supra*, p. 104.

Notes du chapitre 4, p. 115

1. Alain Peyrefitte, *C'était de Gaulle*, Fayard, 1994, p. 136.

2. Maurice Faivre, *Les Archives inédites de la politique algérienne, 1958-1962*, *op. cit.*, p. 65.

3. Relatif à la non-assistance à personne en danger. Il s'agit désormais de l'article 223-6.

4. Maurice Faivre, *Les Archives inédites de la politique algérienne, 1958-1962*, L'Harmattan, 2000, p. 66.

5. *Ibid.*

6. La position exacte de Joseph Katz face aux événements de mai 1958 reste encore à étudier. Un télégramme, retrouvé dans les archives du général Salan, indique que le colonel Katz avait été convoqué à Alger le 12 décembre 1957 par Léon Delbecque, représentant du ministre de la Défense nationale Jacques Chaban-Delmas à Alger. Léon Delbecque est considéré comme la cheville ouvrière du « complot » entrepris par les gaullistes pour faire revenir au pouvoir l'homme du 18 juin.

7. Fusion des éléments de la 1re armée avec les Forces françaises de l'intérieur (FFI) à partir de septembre 1944.

8. Jean Pouget, *Bataillon R.A.S.*, Presses Pocket, 1983, p. 41-42.

9. Joseph Katz, *L'Honneur d'un général, Oran 1962*, L'Harmattan, 1993, p. 34.

10. *Ibid.*, p. 36.

11. En mars 1956, la loi sur les pouvoirs spéciaux avait permis à l'armée de mener des opérations traditionnellement dévolues aux forces de police.

12. Jean-Pierre Chevènement, *Le Vieux, la Crise, le Neuf*, *op. cit.*, p. 26.

13. Joseph Katz, *L'Honneur d'un général*, *op. cit.*, p. 44.

14. *Ibid.*, p. 45.

15. R.P. Michel de Laparre, *Oran, 1961-1962 – Journal d'un prêtre en Algérie*, *op. cit.*, p. 128.

16. Olivier Dard, *Voyage au cœur de l'OAS*, *op. cit.*, p. 310.

17. Entretien avec l'auteur, 23 décembre 2011.

18. Papiers du général Raoul Salan.

19. Voir en particulier le témoignage très précis de Pierre Simon, photographies et dépôt de plainte à l'appui, *in* Geneviève de Ternant, *L'Agonie d'Oran*, *op. cit.*, t. III, p. 100.

20. *Journal officiel de la République française*, 8 mai 1962, p. 977, Questions orales à l'Assemblée nationale.

21. Joseph Katz, *L'Honneur d'un général*, *op. cit.*, p. 81.

22. *Cf. supra*, p. 74.

23. Geneviève de Ternant, *L'Agonie d'Oran*, *op. cit.*, t. III, p. 63.

24. *Ibid.*, p. 72.

25. Alfred Salinas, *Oran la Joyeuse, Mémoires franco-andalouses d'une ville d'Algérie*, L'Harmattan, 2004, p. 141.

26. Geneviève de Ternant, *L'Agonie d'Oran*, *op. cit.*, t. II, p. 103.

27. http://popodoran.canalblog.com/archives/2011/01/04/20044776.html

28. Des éléments du 5e régiment d'infanterie ?

29. Témoignage enregistré de Sydney Zemor, 2 novembre 1987.

30. Marcelle Routier, *Derrière eux, le soleil*, *op. cit.*, p. 159.

31. Geneviève de Ternant, *L'Agonie d'Oran*, *op. cit.*, t. II, p. 106.

32. On retrouve les principaux extraits de ce JMO consulté par Maurice Faivre *in* Geneviève de Ternant, *L'Agonie d'Oran*, *op. cit.*, t. II, p. 42-43.

33. *Cf. supra*, p. 118.

34. Joseph Katz, *L'Honneur d'un général*, *op. cit.*, p. 26.

35. *Ibid*, p. 329 et suiv.

36. *Cf. supra*, p. 131.

37. Pierre Tanant, *Algérie : 4 ans d'une vie*, Arthaud, 1973, p. 163.

38. Joseph Katz, *L'Honneur d'un général*, *op. cit.*, p. 330.

39. *Ibid.*

40. Claude Paillat, *Vingt ans qui déchirèrent la France*, Robert Laffont, 1972. T. II : *La Liquidation*, p. 773.

41. Reproduit *in* Joseph Katz, *L'Honneur d'un général*, *op. cit.*, p. 353.

42. Geneviève de Ternant, *L'Agonie d'Oran*, *op. cit.*, t. II, p. 49.

43. Joseph Katz, *L'Honneur d'un général*, *op. cit.*, p. 334.

44. Alain Peyrefitte, *C'était de Gaulle*, *op. cit.*, p. 136.

45. Maurice Faivre, *Rapport sur les disparus de la guerre d'Algérie, op. cit.,* p. 16.

46. Maurice Faivre, *Les Combattants musulmans de la guerre d'Algérie : des soldats sacrifiés*, L'Harmattan, 1995, p. 162.

47. Mohand Hamoumou, *Et ils sont devenus harkis*, Fayard, 1993, p. 274.

48. On peut noter au passage que les lignes téléphoniques semblent fonctionner, contrairement à ce qu'affirme le général Katz.

49. Mohand Hamoumou, *Et ils sont devenus harkis*, *op. cit.*, p. 276.

50. Maurice Faivre, *Les Combattants musulmans de la guerre d'Algérie : des soldats sacrifiés*, *op. cit.*, p. 162.

51. Ce récit est extrait d'une lettre adressée par le colonel Croguenec à Jacques Gandini, éditeur de *La Tragédie d'Oran*. Il s'était reconnu dans un des témoignages recueillis. Ce document, très intéressant, n'a pas été publié à notre connaissance, mais on peut le trouver sur internet : http://oran1962.free.fr/actualite2.htm

52. Jean Monneret, *La Tragédie dissimulée*, *op. cit.*, p. 121.

53. Geneviève de Ternant, *L'Agonie d'Oran*, *op. cit.*, t. III, p. 96.

54. Jean Monneret, *La Tragédie dissimulée*, *op. cit.*, p. 123.

55. Témoignage privé d'André Amadeuf.

Notes du chapitre 5, p. 141

1. Sydney Zemor raconte avoir vu entre dix et quinze Européens, réfugiés avec lui au lycée Lamoricière, quitter les lieux vers 16 h 30 à bord d'un camion de l'armée pour embarquer directement à Mers el-Kebir sur un bâtiment en partance. « Ils n'avaient même pas une valise de vingt kilos. Ils n'avaient rien sur eux » (témoignage enregistré du 2 novembre 1987).

2. Hasard du calendrier, le lieutenant Roger Degueldre, le chef des commandos Delta d'Alger arrêté en avril 1962, est fusillé au même moment au fort d'Ivry.

3. Geneviève de Ternant, *L'Agonie d'Oran*, *op. cit.*, t. III, p. 65.

4. *Ibid.*, t. II, p. 85.

5. Jean Monneret, *La Tragédie dissimulée*, *op. cit.*, p. 136, qui cite Katz.

6. Geneviève de Ternant, *L'Agonie d'Oran*, *op. cit.*, t. III, p. 92.

7. Éric Kocher-Marboeuf, *Jean-Marcel Jeanneney et Charles de Gaulle. Le Patricien et le Général – 1958-1969*, Comité pour l'histoire économique et financière de la France, 2003, t. I, p. 483.

8. Archives de Jean-Marcel Jeanneney, Centre d'histoire de Sciences-Po (CHSP), JMJ 33.

9. *Ibid.*, JMJ 37.

10. R.P. Michel de Laparre, *Oran, 1961-1962 – Journal d'un prêtre en Algérie*, *op. cit.*, p. 189.

11. Selon la dernière estimation de Jean-Jacques Jordi, *Un silence d'État*, *op. cit.*, p. 64.

12. Pierre Laffont, *L'Expiation*, *op. cit.*, p. 284.

13. Témoignage de Mme Fernandez, *in* Geneviève de Ternant, *L'Agonie d'Oran*, *op. cit.*, t. III, p. 117.

14. *Ibid.*, t. II, p. 8 et suiv.

15. Témoignage de Mme Fernandez, *in* Geneviève de Ternant, *L'Agonie d'Oran*, *op. cit.*, t. III, p. 125.

16. *L'Observateur du Moyen-Orient et de l'Afrique*, 20 juillet 1962, vol. V, n° 291.

17. Jean Herly, « Été 1962 : l'ouverture des consulats généraux de France à Oran et Alger », *Mondes et Cultures – Comptes rendus trimestriels des séances de l'Académie des sciences d'outre-mer*, tome LVI, 4 octobre 1996, p. 11.

18. *Ibid.*, p. 122.

19. R.P. Michel de Laparre, *Oran, 1961-1962 – Journal d'un prêtre en Algérie*, *op. cit.*, p. 202.

20. Archives de Jean-Marcel Jeanneney, CHSP, JMJ 33.

21. Éric Kocher-Marboeuf, *Jean-Marcel Jeanneney et Charles de Gaulle…*, *op. cit.*, p. 487.

22. Le général Katz aurait tenté de faire obstacle à cette opération en empêchant l'ambassadeur de téléphoner à Pierre Messmer pour

prendre les mesures appropriées. Ce n'est que du poste de commandement de l'amiral Barthélemy à Mers el-Kebir que Jean-Marcel Jeanneney parviendra enfin à joindre le ministre des Armées (Jean Herly, « Été 1962 : l'ouverture des consulats généraux de France à Oran et Alger », art. cité, p. 11).

23. Le BDC *Blavet* participera aux opérations de rapatriement des pieds-noirs jusqu'en 1963.

24. R.P. Michel de Laparre, *Oran, 1961-1962 – Journal d'un prêtre en Algérie*, *op. cit.*, p. 207.

25. Juan David Sempere Souvannavong, « Les pieds-noirs à Alicante », *Revue européenne des migrations internationales*, vol. 17, n° 3, p. 173-198.

26. Archives de Jean-Marcel Jeanneney, CHSP, JMJ 33.

27. Éric Kocher-Marboeuf, *Jean-Marcel Jeanneney et Charles de Gaulle…*, *op. cit.*, p. 483.

28. *Ibid.*

29. À cette époque, la thèse d'une provocation de l'OAS n'est jamais évoquée par les autorités algériennes à Oran.

30. R.P. Michel de Laparre, *Oran, 1961-1962 – Journal d'un prêtre en Algérie*, *op. cit.*, p. 193.

31. D'après certaines sources, Mouedenne Attou aurait survécu. Selon Jean-Jacques Jordi, il se serait par la suite installé à Oran où il aurait travaillé aux... abattoirs de la ville (*Un silence d'État*, *op. cit.*, p. 92.).

32. Jean Monneret, *La Tragédie dissimulée*, *op. cit.*, p. 147.

33. Éric Kocher-Marboeuf, *Jean-Marcel Jeanneney et Charles de Gaulle…*, *op. cit.*, p. 485.

34. *La Liberté*, 13 juillet 1962, reproduit dans le *Bulletin des Amis de Raoul Salan*, n° 22, troisième trimestre 2009, p. 7.

35. Éric Kocher-Marboeuf, *Jean-Marcel Jeanneney et Charles de Gaulle…*, *op. cit.*, p. 485.

36. Jean Herly, « Été 1962 : l'ouverture des consulats généraux de France à Oran et Alger », art. cité, p. 12.

37. *Journal officiel de la République française*, 4 août 1962, p. 2923.

38. *La Dépêche d'Algérie*, 13 juillet 1962.

39. *Ibid.*

40. *Le Monde*, 17 juillet 1962.

41. Claude Paillat, *Vingt ans qui déchirèrent la France*, *op. cit.*, p. 775.

42. Jean Monneret, *La Tragédie dissimulée*, *op. cit.*, p. 142-143.

43. Joseph Katz, *L'Honneur d'un général*, *op. cit.*, p. 332.

44. Jean-Jacques Jordi, *Un silence d'État*, *op. cit.*, p. 88.

45. *Ibid.*, p. 94-95.

46. Jean Herly, « Été 1962 : l'ouverture des consulats généraux de France à Oran et Alger », art. cité, p. 10.

47. Jean-Pierre Chevènement, *Le Vieux, la Crise, le Neuf*, *op. cit.*, p. 29.

48. Le consul Herly note que cette rencontre a eu lieu le 24 juillet, mais la presse semble attester la date du 23.

49. Jean Herly, « Été 1962 : l'ouverture des consulats généraux de France à Oran et Alger », art. cité, p. 12.

50. Jean-Pierre Chevènement, *Le Vieux, la Crise, le Neuf*, *op. cit.*, p. 29.

51. Archives de Jean-Marcel Jeanneney, CHSP, JMJ 33.

52. *La Dépêche d'Algérie*, 24 juillet 1962.

53. *Ibid.*

54. *Journal officiel de la République française*, 24 juillet 1962, p. 2838.

55. Après son passage à Oran, Jean Herly est nommé consul de France à Alger, fin juillet. Il continuera de pressantes démarches en faveur des disparus de l'Algérois.

56. *L'Écho d'Oran*, 27 juillet 1962.

57. Archives de Jean-Marcel Jeanneney, CHSP, JMJ 38.

58. *Journal officiel de la République française* 5 juillet 1962, p. 2225.

59. Cette coïncidence chronologique pourrait expliquer pourquoi le général Katz, dans l'incapacité de parler aux plus hauts responsables de la politique algérienne réunis en comité, aurait attendu deux heures avant d'obtenir enfin des ordres de Paris. C'est l'hypothèse que formule Guy Pervillé dans le compte rendu qu'il fait du livre de Jean-Jacques Jordi sur les disparus d'Algérie. Mais pourquoi, en ce cas, le général Katz ne le mentionne-t-il pas dans ses mémoires ? http://guy.perville.free.fr/spip/article.php3?id_article=265

60. Maurice Faivre, *Les Archives inédites de la politique algérienne, 1958-1962*, *op. cit.*, p. 321.

61. *Ibid.*

62. Alain Peyrefitte, *C'était de Gaulle*, *op. cit.*, p. 191-192.

63. *Ibid.*, p. 193. Les destinations préconisées par Louis Joxe ne convainquent pas le général de Gaulle, qui estime plus pertinent de les envoyer en Guyane ou en Nouvelle-Calédonie.

64. Archives de Jean-Marcel Jeanneney, CHSP, JMJ 38.

65. *Ibid.*, JMJ 37.

66. *Ibid.*, JMJ 38.

67. Guy Pervillé, Jean-Jacques Jordi (dir.), *Alger 1940-1962 – Une ville en guerres*, Autrement, 1999, p. 235.

68. Guy Pujante, *Itinéraire Lambda, de l'Algérie de papa à l'OAS*, Godefroy de Bouillon, 2004, p. 231-232 et p. 335, cité par Grégor Mathias, *Les « Vampires » à Alger, Oran et Tlemcen (avril-juillet 1962) : une rumeur de la guerre d'Algérie ?*, 2011 :

http://etudescoloniales.canalblog.com/archives/2011/03/22/20697402.html

69. R.P. de Laparre, *Oran, 1961-1962 – Journal d'un prêtre en Algérie*, *op. cit.*, p. 87.

70. Grégor Mathias, *Les « Vampires » à Alger…*, *op. cit.*

71. Jean-Jacques Jordi, *Un silence d'État*, *op. cit.*, p. 106-107.

72. *Ibid.*, p. 108-109.

73. Geneviève de Ternant, *L'Agonie d'Oran*, *op. cit.*, t. I, p. 121.

74. R.P. de Laparre, *Oran, 1961-1962 – Journal d'un prêtre en Algérie*, *op. cit.*, p. 206.

75. Entretien avec l'auteur, 23 décembre 2011.

76. Geneviève de Ternant, *L'Agonie d'Oran*, *op. cit.*, t. III, p. 76-79. Parmi ces cadavres non identifiés figurent trois religieuses, reconnaissables à leurs tuniques brunes et à leurs sandales. Jean Monneret remarque que ces trois femmes ne figurent sur aucune des listes des disparus d'Algérie qui circulent aujourd'hui. *La Tragédie dissimulée*, *op. cit.*, p. 163.

77. Maurice Faivre, *Rapport sur les disparus de la guerre d'Algérie*, *op. cit.*, p. 19.

78. Fouad Soufi, *Oran, 28 février 1962, 5 juillet 1962…*, *op. cit.*

79. Joseph Katz, *L'Honneur d'un général*, *op. cit.*, p. 331 et 357.

80. *Journal officiel de la République française*, 8 août 1972, p. 8577, reproduit *in* Geneviève de Ternant, *L'Agonie d'Oran*, *op. cit.*, t. III, p. 25.

81. Assemblée nationale, 10 octobre 2006, question n° 106485.

82. Jean-Jacques Jordi, *Un silence d'État*, *op. cit.*, p. 93.

83. Maurice Faivre, *Rapport sur les disparus de la guerre d'Algérie*, *op. cit.*, p. 11.

84. *Journal officiel de la République française*, 7 mai 1963, p. 2781.

85. Jean-Jacques Jordi, *Un silence d'État*, *op. cit.*, p. 93.

86. Maurice Faivre, *Rapport sur les disparus de la guerre d'Algérie*, *op. cit.*, p. 26.

87. Jean Monneret, *La Tragédie dissimulée*, *op. cit.*, p. 151.

88. Évaluation proche de celles du rapport Faivre et de Jean Monneret.

89. Jean-Jacques Jordi, *Un silence d'État*, *op. cit.*, p. 96.

90. L'expression est de Frédéric Pons, *in* « Justice pour les Pieds-Noirs », *Valeurs actuelles*, 28 avril 2011.

91. Rapport de Colette Ducos-Ader, 2 octobre 2010. Déposé à la Société des Gens de lettres (réf. 2010-10-0126).

Notes du chapitre 6, p. 171

1. Claude Paillat, *Vingt ans qui déchirèrent la France*, *op. cit.*, p. 776.

2. Georges-Marc Benamou, *Un mensonge français – Retours sur la guerre d'Algérie*, Robert Laffont, 2003, p. 252.

3. Entretien avec l'auteur, 23 décembre 2011.

4. *Le Procès d'Edmond Jouhaud*, compte rendu sténographique, Albin Michel, 1962, p. 246. La déclaration de Francine Camus date de l'audience du 13 avril 1962.

5. Benjamin Stora, « Les disparus d'Oran », *Le Nouvel Observateur*, 28 février 2002.

6. Archives de Jean-Marcel Jeanneney, CHSP, JMJ 33, dossier préparatoire du Conseil des affaires algériennes du 16 novembre 1962.

7. Jean-Jacques Jordi, *Un silence d'État*, *op. cit.*, p. 130.

8. Maurice Faivre, *Rapport sur les disparus de la guerre d'Algérie*, *op. cit.*, p. 17.

9. Jean-Jacques Jordi, *Un silence d'État*, *op. cit.*, p. 128.

10. SHD, fonds privé Pierre Messmer, 1K744.

11. Jean-Jacques Jordi, *Un silence d'État*, *op. cit.*, p. 137.

12. *Cf. supra*, p. 105.

13. Maurice Faivre, *Rapport sur les disparus de la guerre d'Algérie*, *op. cit.*, p. 18.

14. Capitaine Marc-Louis Leclair, *Disparus en Algérie – 3 000 Français en possibilité de survie*, Jacques Grancher éditeur, 1986.

15. *Cf. supra*, p. 169.

16. Rapport au Premier ministre : « Parachever l'effort de solidarité nationale envers les rapatriés. Promouvoir l'œuvre collective de la France outre-mer », par Michel Diefenbacher, septembre 2003, p. 21.

17. *Ibid.*, p. 33.

18. Cette disposition, introduite par un amendement déposé par le député UMP du Nord Christian Vanneste, a été supprimée et remplacée en février 2006 par un texte plus elliptique selon lequel « les programmes de recherche universitaire accordent à l'histoire de la présence française outre-mer, notamment en Afrique du Nord, la place qu'elle mérite ».

19. Date de la fusillade de la rue d'Isly à Alger, au cours de laquelle les forces de l'ordre françaises tirent sur une foule d'Européens désarmés venue manifester depuis le quartier de Bab el Oued.

20. « Quand la mort s'invite par courrier », *Nice Matin*, 7 octobre 2004. Rapport de la Croix-Rouge envoyé à l'auteur.

21. Geneviève de Ternant, *L'Agonie d'Oran*, *op. cit.* t. III, p. 31.

22. *Ibid.*, p. 112.

23. Guy Pervillé, *Mémoire, justice et histoire : à propos de la plainte contre le général Katz*, colloque « Crimes sans châtiments », Centre d'études pied-noir, Nice, 7 octobre 2000.

24. Jean-Jacques Jordi, *Un silence d'État*, *op. cit.*, p. 14. Le travail de l'historien sur la dimension juridique des disparitions en Algérie inspire directement ces pages.

25. Document envoyé par Viviane Pinto-Ezagouri à l'auteur le 24 octobre 2011. Échange électronique du 18 décembre 2011. Robert Badinter, finalement, n'a pas participé au colloque du Sénat.

26. Association de défense des intérêts moraux des anciens détenus.

27. Olivier Dard, « De la stèle de Marignane au Mur des Disparus de Perpignan : les lieux de mémoire de l'Algérie française dans le

débat public », *in* Béatrice Fleury, Jacques Walter (dir.), *Qualifier des lieux de détention et de massacre (2), territorialisation, déterritorialisation*, Questions de communication, série actes 7, 2009, p. 103.

28. *Ibid.*, p. 104.

29. Jean-Jacques Jordi, *Un silence d'État*, *op. cit.*, p. 143. L'historien note par ailleurs que peu de membres de l'OAS figurent sur ce mur, pour la bonne raison qu'ils étaient souvent armés et protégés par les commandos. La plupart des personnes enlevées en Algérie étaient des Européens inoffensifs et surtout désarmés.

30. Olivier Dard, « De la stèle de Marignane au Mur des Disparus de Perpignan : les lieux de mémoire de l'Algérie française dans le débat public », *op. cit.*, p. 105.

31. Jean-Jacques Jordi, *Un silence d'État*, *op. cit.*, p. 145.

32. Entretien avec l'auteur, 23 décembre 2011.

33. Jean-Jacques Jordi a dressé une synthèse efficace des idées reçues – souvent dépréciatives – attachées aux rapatriés. Jean-Jacques Jordi, *Les Pieds-Noirs*, Le Cavalier Bleu, coll. « Idées reçues », 2009.

34. On trouve le contenu intégral de cette lettre sur le site de la section de Toulon de la Ligue des droits de l'homme : www.ldh-toulon.net/spip.php?article2134

35. http://blogs.mediapart.fr/edition/17-octobre-1961/article/121011/appel-pour-la-reconnaissance-officielle-de-la-tragedie-d

36. Entretien avec l'auteur, 1er décembre 2011.

37. Entretien avec l'auteur, 23 décembre 2011.

Notes de la conclusion, p. 191

1. Charles de Gaulle avait projeté d'achever par ces mots le chapitre consacré au règlement de la question algérienne de ses *Mémoires d'espoir*, selon son secrétaire, Pierre-Louis Blanc : *De Gaulle au soir de sa vie*, Paris, Fayard, 1990, p. 210.

Notes de l'appendice, p. 195

1. Bernard Zeller, *Edmond Michelet est-il un saint ?*, Éditions de la Doller, 2009, p. 40-41.

SOURCES

Bibliographie

Charles AILLERET, *Général du contingent*, Grasset, 1998.
Antoine ARGOUD, *La Décadence, l'imposture et la tragédie*, Fayard, 1974.
ANONYME, *OAS parle*, Julliard, 1964.
Georges-Marc BENAMOU, *Un mensonge français – Retours sur la guerre d'Algérie*, Robert Laffont, 2003.
Pierre-Louis BLANC, *De Gaulle au soir de sa vie*, Fayard, 1990.
Jean-Pierre CHEVÈNEMENT, *Le Vieux, la Crise, le Neuf*, Flammarion, 1977.
Olivier DARD, *Voyage au cœur de l'OAS*, Perrin, coll. « Tempus », 2011.
Raphaël DELPARD, *Les Oubliés de la guerre d'Algérie*, Michel Lafon, 2003.
Bertrand DICALE, *Cheikh Raymond, une histoire algérienne*, First Document, 2011.
Maurice FAIVRE, *Les Combattants musulmans de la guerre d'Algérie : des soldats sacrifiés*, L'Harmattan, 1995.
Maurice FAIVRE, *Les Archives inédites de la politique algérienne, 1958-1962*, L'Harmattan, 2000.
Maurice FAIVRE, *La Croix-Rouge pendant la guerre d'Algérie*, Lavauzelle, 2007.
Élisabeth FECHNER, *Souvenirs de là-bas – Oran et l'Oranie*, Calmann-Lévy, 2002.

Georges FLEURY, *Histoire secrète de l'OAS*, Perrin, 2002.

Éric FOTTORINO, *Mille et un soleils – Paroles du Maghreb en France*, Stock, 1995.

Régine GOUTAILLER, *L'OAS en Oranie*, thèse de 3e cycle, université d'Aix-en-Provence, 1975.

Mohand HAMOUMOU, *Et ils sont devenus harkis*, Fayard, 1993.

Gérard ISRAËL, *Le Dernier Jour de l'Algérie française*, Robert Laffont, 1970.

Henri JACQUIN, *La Guerre secrète en Algérie*, Olivier Orban, 1977.

Jean-Marcel JEANNENEY, *Une mémoire républicaine (entretiens avec Jean Lacouture)*, Le Seuil, 1997.

Jean-Jacques JORDI, *Les Pieds-Noirs*, Le Cavalier Bleu, coll. « Idées reçues », 2009.

Jean-Jacques JORDI, *Un silence d'État – Les disparus civils européens de la guerre d'Algérie*, Éditions Soteca, 2011.

Edmond JOUHAUD, *Ô mon pays perdu (Mémoires : de Bou-Sfer à Tulle)*, Fayard, 1969.

Edmond JOUHAUD, *Histoire de l'Afrique du Nord*, SPL, 1986.

Joseph KATZ, *L'Honneur d'un général, Oran 1962*, L'Harmattan, 1993.

Rémi KAUFFER, *OAS – Histoire d'une guerre franco-française*, Le Seuil, coll. « L'épreuve des faits », 2002.

Éric KOCHER-MARBOEUF, *Jean-Marcel Jeanneney et Charles de Gaulle. Le Patricien et le Général – 1958-1969*, t. I. Comité pour l'histoire économique et financière de la France, 2003.

Philippe LABRO, *Des feux mal éteints*, Gallimard, 1967.

Pierre LAFFONT, *L'Expiation*, Plon, 1968.

R.P. Michel DE LAPARRE, *Oran, 1961-1962 – Journal d'un prêtre en Algérie*, Éditions du Fuseau, 1964.

Marc-Louis LECLAIR, *Disparus en Algérie – 3 000 Français en possibilité de survie*, Jacques Grancher éditeur, 1986.

Paul-Alain LÉGER, *Aux carrefours de la guerre*, Albin Michel, 1983.

Serge LENTZ, *Paris Match*, reportages des 7 et 14 juillet 1962.

Henri MARTINEZ, *Et qu'ils m'accueillent avec des cris de haine – Oran, 1962*, Robert Laffont, 1982.

Claude MICHELETTI, *Fors l'honneur. La guérilla OAS à Oran, 1961-1962*, Jean Curutchet Éditions, 2002.

Jean MONNERET, *La Phase finale de la guerre d'Algérie*, L'Harmattan, 2001.

Jean MONNERET, *La Tragédie dissimulée – Oran, 5 juillet 1962*, Michalon, 2006.

Christophe NICK, *Résurrection. Naissance de la Ve République. Un coup d'État démocratique*, Fayard, 1999.

Claude PAILLAT, *Vingt ans qui déchirèrent la France*. T. II : *La Liquidation*, Robert Laffont, 1972.

Guy PERVILLÉ, Jean-Jacques JORDI (dir.), *Alger 1940-1962. Une ville en guerres*, Autrement, 1999.

Alain PEYREFITTE, *C'était de Gaulle*, t. I, Fayard, 1994.

Jean POUGET, *Bataillon R.A.S.*, Presses de la Cité, 1981.

Karim ROUINA, « Essai d'étude comparative sur la guerre d'indépendance de l'Algérie », Université Paul-Valéry, Montpellier-II.

Guy PUJANTE, *Itinéraire Lambda, de l'Algérie de papa à l'OAS*, Godefroy de Bouillon, 2004.

Marcelle ROUTIER, *Derrière eux, le soleil*, Stock, 1974.

Fouad SOUFI, *La Guerre d'Algérie dans la mémoire et l'imaginaire* (coll.), Éditions Bouchène, 2004.

Benjamin STORA, *Histoire de la guerre d'Algérie*, La Découverte, coll. « Repères », 2006.

Pierre TANANT, *Algérie : 4 ans d'une vie*, Arthaud, 1973.

Geneviève DE TERNANT, *L'Agonie d'Oran*, Jacques Gandini, t. I, 1985 ; t. II, 1996 ; t. III, 2000.

Roger TRINQUIER, *Le Coup d'État du 13 mai*, L'Esprit nouveau, 1962.

Jacques VALETTE, *Le 13 mai du général Salan*, L'Esprit du Livre, 2008.

Marion VIDAL-BUÉ, *L'Algérie des peintres*, 1830-1960, Éditions Paris-Méditerranée, 2002.

André ZELLER, *Dialogues avec un général*, Presses de la Cité, 1974.

Bernard ZELLER, *Edmond Michelet est-il un saint ?*, Éditions de la Doller, 2009.

Actes de procès

Le Procès d'Edmond Jouhaud, compte rendu sténographique, Albin Michel, 1962.

Les Procès des généraux Challe et Zeller, texte intégral des débats, Nouvelles Éditions latines, 1961.

Maurice COTTAZ, *Les Procès du putsch d'Alger et du complot de Paris*, Nouvelles Éditions latines, 1962.

Rapports

« Parachever l'effort de solidarité nationale envers les rapatriés – Promouvoir l'œuvre collective de la France outre-mer », par Michel Diefenbacher, septembre 2003.

« Rapport sur les disparus de la guerre d'Algérie », par Maurice Faivre (coord.), 2006.

Films et documentaires

Jean-Pierre LLEDO, *Algérie, histoires à ne pas dire*, Albarès Productions, 2007.

Charly CASSAN et Marie HAVENEL, *La Valise ou le cercueil*, Reportage 34, 2011.

Archives

Centre d'histoire de Sciences-Po : fonds Jean-Marcel Jeanneney (JMJ)

Service historique de la Défense :
Témoignage oral du général Albéric Vaillant – 3 K13
Témoignage oral du général Joseph Katz – 3 K19
Témoignage oral du commandant Paul Léger – 3 K42

Sites internet

Site de Jean-François Paya : http://popodoran.canalblog.com/
Site de Guy Pervillé : http://guy.perville.free.fr
Site de la Ligue des droits de l'homme de Toulon : http://www.ldh-toulon.net/spip.php?rubrique5
Études coloniales : http://etudescoloniales.canalblog.com/

REMERCIEMENTS

J'exprime ma profonde gratitude à tous ceux qui m'ont aidé conduire ce projet :

Jean-Paul Angelelli, André Amadeuf, Xavier de Bartillat, Valérie Benichou, Anne-Laure Bonnet, Isabelle Bouche, Olivier Dard, Maëva Duclos, Colette Ducos-Ader, Viviane Pinto-Ezagouri, Général Maurice Faivre, Pascal Gallien, André Grimaud, Abbé Gabriel Grimaud, Mikaël Guedj, Grand Rabbin Haïm Korsia, Philippe Labro, Josette Klein, Sébastien Laurent, Dominique Missika, Jean-François Paya, Dominique Parcollet, Jean-Louis Samper, Marie-Claude Teuma, Jean-Louis Thiériot, Vincent Trémolet de Villers, Rabbin Shlomo Zini, Bernard Zeller, mon père.

Et bien sûr à Fanny, mon épouse.

Achevé d'imprimer
par Corlet Imprimeur
14110 Condé-sur-Noireau
Numéro d'imprimeur : 144449
Dépôt légal : mars 2012
ISBN : 978-2-84734-899-6
Numéro d'édition : 3501
Imprimé en France